JN439314

추억 속의 풍경

사라져가는 것은 다 아름답다

글 · 사진 김순철

도서출판 경남

머리말

가래, 탈곡기, 키, 말, 되 등은 모두 농경 생활에서 없어서는 안 될 중요한 물건들이다. 민초들과 궤를 함께하며 질곡의 시대를 견뎌온 잊을 수 없는 물건들이다. 급속한 산업화의 물결과 주거 환경의 변화로 그 많던 옛 물건들은 흔적도 없이 사라져가고 있다.

이러한 물건들이 없어짐에 따라 골골마다 그 많던 손재주꾼들도 모두 맥이 끊어지고 말았다. 손으로 빗자루 하나 만드는 사람조차 없어졌으니 어찌 세월을 무심하다 하지 않을 것인가? 어릴 적부터 이러한 물건들을 만져보고 써 본 경험이 있는 우리가 어찌 그 아련한 추억을 잊을 수 있겠는가.

어린 시절 심한 운동으로 세상 모르고 단잠에 빠졌다가 하얀 광목 이불에 실례를 한 날 아침 키를 쓰고 이웃집으로 소금 얻으러 갔던 기억은 지금도 생생하다. 전기요금을 아끼겠다고 시도 때도 없이 두꺼비집을 내려버리던 아버지와의 숨바꼭질, 아침저녁이면 벌겋게 달아오르던 가마솥에서 온갖 풀냄새를 풍기며 펄펄 끓던 소죽솥 등 모두가 보고 싶고 그리워지는 풍경이다.

대통발 장인 김동진, 마지막 대장장이 이평갑, 문화마당의 신사 톱쟁이 강갑중 등 이들은 손재주 하나로 한평생을 살아온 통영의 마지막 남은 장인들이다. 그들은 인간문화재나 전수자처럼 화려한 조명은 받지 못했지만 모두 한눈팔지 않고 한 우물을 팠던 우직하고 성실한 사람들이었다. 이제 그들이 대우받고 존경받는 시대이어야 한다. 더 이상 사라져 가기 전에 이들을 보호하고 지원해야 한다.

나는 차츰 사라져 가는 옛 물건들을 하나라도 더 구해서 보존하는 노력을 게을리하지 않았지만 늘 역부족이었다. 마지막 남은 장인들이 떠나기 전에 그들을 만나 생생한 이야기를 채록하고 싶었다. 늘 우리 곁에서 팍팍한 삶을 지켜주었던 손때 묻은 옛 물건들이 더 이상 사라지기 전에 이를 기록으로 남겨 두고 싶었다.

시간 날 때마다 카메라 하나 둘러메고 곳곳을 다녔다. 야솟골을 방문했을 때 가마솥에 소죽을 끓이는 광경을 카메라에 담고 얼마나 가슴이 먹먹했는지 모른다. 외딴섬 오곡도 사랑채 흙벽에 걸려 있던 각종 생활용기들은 우리의 옛 농경문화를 그대로 보존하고 있는 것 같아 적잖이 흥분하고 말았다.

설날과 정월대보름을 맞아 금줄을 두른 당산나무와 공동우물을 발견한 것도 큰 수확이었다.

오래전부터 나는 우리 지역에서 차츰 사라져 가는 것들을 꼭 기록으로 남겨 두어야겠다고 생각했지만 쉬운 일이 아니었다. 더 미루었다가는 이도 저도 안 되겠다는 생각이 나를 더욱 재촉했다. 여러 가지 사정으로 사라져 가는 것들을 모두 다 담아 내지 못한 아쉬움도 없지 않지만 훗날을 기약하고 이를 책으로 묶었다.

이 한 권의 기록이 구시대와 미래시대를 연결하는 가교 역할을 다하는 데 조금이라도 보탬이 된다면 더 이상 바랄 것이 없겠다. 이 책이 나오기까지 여러모로 도와주신 모든 분들께 깊이 감사드리며 좋은 이야기를 사심 없이 들려준 통영의 마지막 장인들의 건강과 행운도 함께 빈다.

2013. 봄

구망산방에서 **김 순 철**

차례

chpator 1

송곳 끝내러 가 해 지운다

chpator 2

since 1960 산양이용원

chpator 3

하던 지랄도 덕석 펴면 안 한다

chpator 4

느림과 여유의 미학

추억 속의 풍경

사라져가는 것은
다 아름답다

chpator 1

송곳 끝내러 가 해 지운다

01 **대장간** | 송곳 끝내러 가 해 지운다

02 **공동우물** | 온갖 정보 입수하던 소통의 장

03 **상여와 상엿집** | 간다 간다 나는 간다

04 **지게** | 게으른 놈이 짐 많이 진다

05 **방앗간** | 하얀 떡가래 쉼 없이 토해 내던 곳

06 **편지와 빨간 우체통** | 사랑하였으므로 행복하였네라

07 **복자네집** | 청마와 이중섭이 대작했던 선술집

08 **오솔길과 골목길** | 오솔길 걸어야 깨달음 얻어

09 **외상술** | 외상이라면 소도 잡아먹는다

10 **워낭소리** | 가축 재난 책임 인간에게 있어

01

대장간

송곳 끝내러 가 해 지운다

《단원풍속화첩》은 갖가지 풍속 장면을 종합한 화첩이다. 이 화첩은 서당, 씨름, 춤추는 아이, 자리 짜기, 타작, 기와 이기, 대장간, 주막, 우물가, 빨래터, 새참, 밭갈이, 행상, 길쌈, 고누 놀이, 고기잡이, 나룻배, 노상 과안, 담배 썰기, 신행, 장터길, 시주, 그림 감상, 말 징박기, 활쏘기 등 25엽으로 구성되어 있다.

〈대장간〉이라는 그림은 《단원풍속화첩》 중의 하나로 18세기 후반 단원 김홍도가 그린 그림이다. 종이에 엷은 채색으로 크기는 27.0cm×22.7cm이며 국립중앙박물관이 소장하고 있다. 불에 달궈진 쇳덩이를 망치로 두들기고 새로 벼른 낫을 갈고 풀무질하는 등 활기찬 대장간의 한때를 그린 것이다. 대장간에서 일하는 사람들 각각의 모습을 잘 표현하고 있다. 달군 쇠를 모루 위에 대주는 사람, 이를 쇠망치로 내리치는 사람들, 다 된 낫을 숫돌에 갈고 있는 사람, 그리고 이 중 가장 나이가 어린 견습생인 듯한 이는 풀무에 바람을 넣는 듯 줄을 잡아당기고 있다.

이들의 솟아오른 근육과 흐르는 땀방울을 통해 활기찬 생활상을 느낄 수 있다. 뒤로는 담금질하는 데 쓰이는 기다란 목재 함지박도 보이고 여러 공구를 담는 나무 상자도 보인다. 지금은 사라져 버렸지만 얼마 전까지만 해도 주변에서 흔히 볼 수 있었던 정겨운 대장간 모습이다.

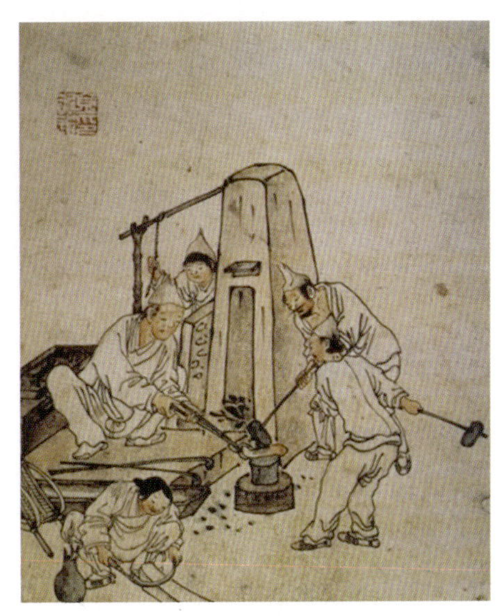

단원 김홍도의 〈대장간〉▲

대장간을 풀무간이라고도 하는데 이는 평안도 사투리이다. 우리 지방에서는 대장간을 성냥간이라고도 하였다. 산양읍 남평리 금평(야소) 마을과 한산면 하소리 야소 마을은 임진왜란 때 농기구나 병기를 만들었던 대장간이 있었다 하여 붙여진 이름이다.

새 도로를 내면서 지금은 흔적도 없이 사라지고 없지만 산양읍 남평리 세포 마을의 한길 입구에는 아주 오래된 대장간 하나가 있었다. 물론 이 대장간은 임진왜란과 관련이 있는 곳은 아니다. 황 씨 성을 가진 어질디어진 분이 경영한 전형적인 가내수공업 규모였다. 급하게 수선할 일이 있을 때는 직접 연장을 가지고 가서 수선을 부탁해야 했지만 평상시에는 아저씨가 짐자전거를 타

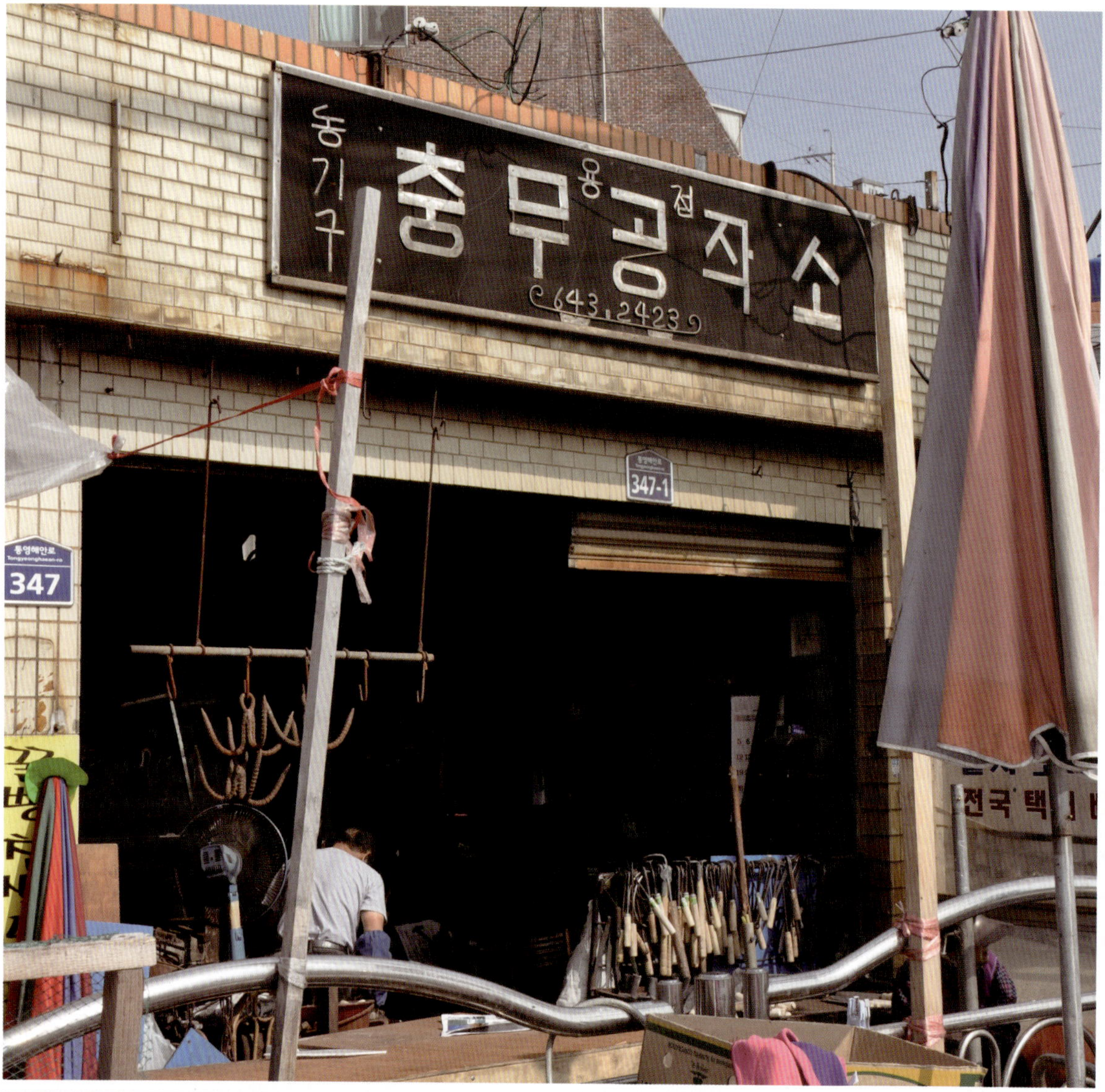
농기구
충무용접공작소
643.2423
347-1
통영해안로
347

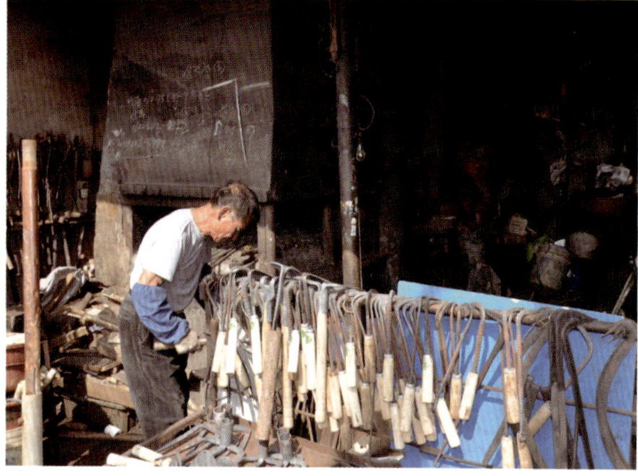

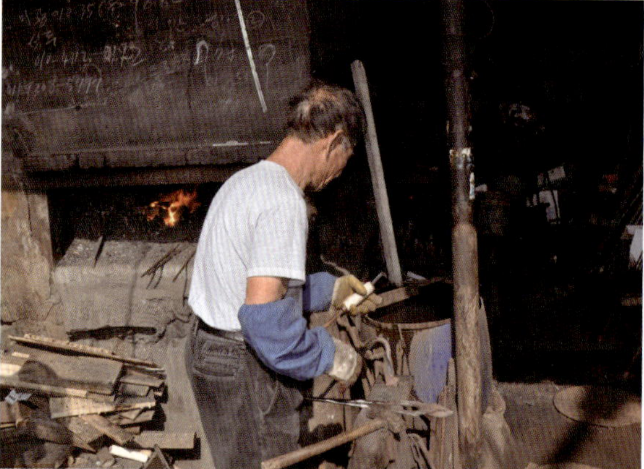

고 마을을 돌며 연장을 수거해 가고 수선이 끝나면 배달해 주는 고품격 서비스를 제공하는 대장간이었다.

원래 성격이 유순한데다 전혀 서두는 법이 없었다. 수선이 자기 마음에 들어야만 택배를 해주는 나름대로의 확고한 경영 철학이 있었던 것으로 기억된다. 지금 생각해 보면 아주 자존심 강한 장인이었다.

나의 선친은 선비도 아니고 농부도 아니었다. 한 며칠 농사일에 부대끼다 보면 은근히 술 생각도 나고 쉬고 싶은 마음도 꿀떡 같았을 것이다. 지금이야 웬만한 연장이나 농기구는 다 사다 쓰면 그만이었지만 옛날에는 거의가 수선해 쓰는 것이 보통이었다.

걸어서 일이십 분이면 되는 인근 마을에 대장간이 있는데도 아버지는 한 달에 한두 번씩 연장을 챙겨 아침 일찍 시내(지금의 중앙시장)로 나가셨다. 연장 수선이 끝날 때까지 아버지는 이곳저곳 시내 구경도 하고 주막에 들러 마시던 낱잔 한 잔의 그 맛을 잊을 수 없었을 것이다. 아버지는 뉘엿뉘엿 해가 질 무렵 거나하게 취해 집으로 돌아오곤 하였다. 이런 아버지를 보고 어머니는 늘 '송곳 끝내러 가서 해 지우고 온다.' 며 바가지를 긁기 일쑤였다.

지금 생각해 보면 '송곳 끝내러 가 해 지운다' 는 말은 하찮은 일에 그 귀한 시간을 낭비하지 말라는 격언으로 옛날 사람들의 말이 하나도 그르지 않다는 것을 실감한다.

이토록 정겨운 대장간도 무심한 세월 속에 다 헐리어 역사 속으로 사라져 가고 있다. 최근까지 중앙시장 앞에 '충무공작소' 라는 대장간 하나가 겨우 명맥을 이어왔다. 몰려드는 관광객들에게 통영 꿀빵이 인기를 끌자 건물 주인이 장사를 하겠다며 집을 비워달라는 바람에 병선마당 골목 안으로 옮겨와 상호마저 '삼성공작소'로 바꾸고 근근이 맥을 이어가고 있다. 통영시 전체를 통틀어 마지막 남은 대장간이다. 혹시나 싶어 건물이 헐리기 전에 사진이라도 찍어두었기 망정이지 흔적조차 없어질 뻔했다.

왜 그 좋은 자리를 두고 이곳으로 이사를 했느냐는 질문에 "없는 사람이 집을 비우라면 비워야지 어쩌겠소." 거기가 거기라며 달관하는 장인의 얼굴에는 원망기나 섭섭함은 조금도 없어 보인다. 그래도 이 짓 하면 빌어먹지는 않을 것인데 대를 이을 이가 없어 걱정이라며 씁쓸히 웃는다. 보조금을 주어서라도 후계자를 키워 옛 장인의 맥을 이어나가야 할 것인데 참 안타까운 일이다. 때마침 모 시민단체에서 그 대장간이 소재한 골목길을 문화 명소로 만들겠다니 천만다행이다. 이야기가 있는 그 대장간을 중심으로 추억이 묻어나는 명소가 재탄생하길 기대해 본다.

02

공동우물

온갖 정보 입수하던 소통의 장

통영성 4대문 안에는 남문지, 북문지, 운주당지 등 세 개의 연못과 주전동정, 하동문로변정, 동락로변정, 동부로변정, 남문내정, 신상지변정, 서구상로변정, 북문로변쌍정 등 아홉 개의 우물 즉 3지 9정이 있었다.

이 외에도 명정골, 새미골, 약수골 등 우물과 관련된 마을 이름도 부지기수다. 특히 명정골의 '명정明井'은 충렬사 앞 일정日井과 월정月井의 우물 이름을 따 지은 것으로 영험 있기로 소문난 일정 물은 이충무공 향사享祀에만 사용했을 정도다. 개발의 회오리바람 속에서도 이 우물만큼은 보존해야 한다며 4차선 도로의 노선을 옆으로 비켜가게 한 선각자들의 배려가 고맙다.

이 외도 산양읍 미남리 척포 마을 회관 옆에 가면 아주 오래된 비 한 기가

서 있다. 1929년 홍류천洪流泉을 개척하여 식수난을 해소한 설동기의 공적을 기리기 위해 동민들이 세운 비이다.

"施惠何施시혜하시 逯及里社수급리사/ 水風之卜수풍지복 鑿欽之事착흠지사/ 以之爲務이지위무 由之可活유지가활/ 惟公之名유공지명 如斯不渴여사불갈/ 은혜를 베푸니 무엇을 베풀까 드디어 이사里社에 미쳤도다. 수풍으로 가렸으니 파서 마시는 일이로다/ 이 때문에 힘썼으니 그 연유는 살리는 일이로다/ 오직 공의 이름이니 이와 같이 마르지 않으리라."고 기록되어 있다.

— 《통영향토지》 1996. 통영문화원 발행 번역본 참조

이처럼 사람 살기 좋은 곳에는 맑고 깨끗한 물이 있어야 한다는 것은 예나 지금이나 다름없다. 그러나 이제 어느 누구도 이 우물물을 사용하지 않지만 우물만큼은 마을을 지키는 수호신이라는 믿음 때문에 그대로 보존하려고 애썼다. 매년 칠월 칠석이나 섣달 그믐날 마을 사람들이 모두 나와 우물을 치고 주변을 깨끗이 청소하는 것은 의논하고 자시고 할 것도 없는 너무나 당연한 일이었다.

아직도 광역 상수도가 들어오지 않는 산양읍 연곡리 오곡 마을에서는 우물물을 식수로 활용한다. 이 마을에서는 우물이야말로 신과 다름없다. 스님에게 의뢰하여 매년 음력 정월 초이틀을 기해 마을 우물에서 제를 지낸다.

태초 인간에게 물은 생명의 원천이자 창조의 모태이다. 이처럼 서민들의 삶의 애환을 고스란히 담은 우물이 언제부터인가 새로 개발된 지하수나 간이상수도에 밀려 차츰 사라져가고 있는 것은 안타까운 일이다.

옛날 공동 우물은 한 많은 여인들의 가슴을 뚫어 주었던 곳이요, 마을의 대소사를 비롯하여 온갖 정보를 입수하던 소통의 마당이요, 마을의 안녕과 건강을 가져다주는 마을 수호신이었다. 변변한 저장 시설이 없던 그 시절 우물은 신이 주신 냉장고요, 하늘이 주신 얼음 창고였다.

일운 마을의 영수천, 신봉의 만수정 · 양수천, 봉전의 도가지샘 · 홍수천, 달아의 홍달천, 중화의 상류천 · 장수촌, 당포의 대류천, 원항의 원류천, 남전의 우와정, 죽전의 양산천 등 그 이름만 들어도 아름답고 물맛 또한 좋았을 법한 마을의 보물을 찾아 새로 단장해 볼 일이다.

계속되는 기후 변화와 수원 고갈, 수질 악화 등으로 인해 앞으로 온 나라가 물난리를 겪어야 할 날이 올지도 모른다. 지금 필요 없는 것이라 하여 그 맑고 곱던 우물들을 방치하고 묻고 없앨 것이 아니라 이를 원형대로 보존해야 한다. 마을마다 산재해 있는 이름 있는 우물은 말할 것도 없고 통제영 복원과 함께 꼭 보존해야 할 가치가 있는 4대문 안의 전통 있는 우물들이 하나하나 복원되어 다시 우리 곁으로 돌아오길 희망해 본다.

03

상여와 상엿집

간다 간다 나는 간다

갓 서른을 넘겼을 무렵, 갑자기 돌아간 친구 아버지의 장례를 우리 모임에서 치른 것은 지금 생각해 보아도 대단한 일이었다. 당시만 해도 지금처럼 장례 예식장이 있는 것도 아니었다. 시골에서는 대부분 매장을 하던 시기였다.

열두 명의 친구들이 직접 꽃상여를 메었다. 아주 어릴 적에 어머니를 여의고 아래로 여러 동생들을 양육해 온 친구의 처지가 너무 불쌍했다. 앞소리꾼의 절절한 소리에 친구들은 물론 주변의 많은 사람들이 지켜보는 가운데 눈물로 장례를 치렀다. 30여 년이 지난 일이지만 아직도 그 기억을 잊을 수 없다.

지금이야 거의 사라진 풍습이지만 웬만한 시골 마을이라면 상여계가 있었다. 마을 내 초상이 나면 음식, 수의, 관, 상여 등 모든 장례 절차를 이 상여계에서 처리하는 것이 원칙이었다. 오래전부터 전해 내려오던 상부상조의 전형적인 풍습이었다. 더군다나 갑작스런 죽음 앞에 유족들은 당황해 할 수밖에 없는 일이다. 더더욱 가족들만의 힘으로 치를 수 없는 일이 장례식이었다. 마을 상여계에서는 상여의 틀을 비롯하여 영여 등 각종 물품을 상엿집에 보관하였다. 대부분의 상엿집은 마을 뒷산이나 사람의 발길이 뜸한 곳에 있기 마련이었다. 우리 마을에도 상엿집은 양산저수지 위의 야산 언저리에 있었다. 상엿집 앞을 지나노라면 왠지 모르게 머리끝이 쭈뼛쭈뼛 섰다. 우리는 대낮에도 도깨비가 난다 하여 이 집 옆을 지나가기를 꺼렸다. 이도 세월의 무게를 이기지 못하고 흔적 없이 사라졌다. 이제 장례 문화의 발달로 꽃상여가 사라졌으니 웬만한 시골 마을에서도 상엿집을 보기 힘들게 되었다.

그 어느 모임보다도 상여계 모임의 규율은 엄했다. 장례식에 참여하지 못하면 벌금을 물어야 했다. 상부 계원인 아버지 대신 나는 고등학교 시절부터 종종 상여를 메는 일에 동원되었다. 혹시 부잣집 영감의 호상好喪이라도 날라치면 영여靈轝를 앞세운 화려한 꽃상여에 공포, 만장의 행렬은 장관이었다. 어린

나이인데도 나는 그 일이 고되다거나 무섭다는 생각은커녕 꽃상여를 인도하며 구슬프게 읊어대는 앞소리꾼의 소리가 그렇게 좋을 수가 없었다.

보리가 패기 시작한 춘삼월 어느 날이었다. 그날따라 봄비가 서럽게 내리고 있었다. 우리 마을의 초상을 비롯한 각종 궂은일이 있을 때마다 자기 일처럼 도맡아 해 온 이웃집 아저씨가 상여에 누워 있었다. 가난을 멍에처럼 지고 살아온 그였지만 늘 이웃에 헌신 봉사해온 분이었다. 그 아저씨가 죽어 꽃상여에 실려 가고 있었다.

명사십리 해당화야
꽃 진다고 서러워 마라 꽃은 지면
명년 삼월 또 피지만 인생은 한번 가면
다시 오기 어려워라 에-홍 에이-홍
북망산이 멀다 해도 문전 앞이 북망산이로다.
띠 잔디로 옷을 삼고 식토 한 짐 밥을 삼고
살아생전 내 동무들아 언제 다시 만나볼꼬

앞소리꾼의 구슬픈 소리가 애간장을 녹이고 있었다. 상여 뒤를 따르는 어린

상주들의 통곡은 온 마을 사람들을 눈물의 도가니로 몰아넣고 있었다.

상여는 내(川)를 지나고 들을 건너 싱그러운 보리밭 허리로 접어들고 있었다. 아저씨는 봄비를 맞으며 그렇게 왔던 곳으로 되돌아가고 있었다. 나는 인생무상을 그때부터 몸으로 배우고 있었다. 가진 자도 못 가진 사람도 모두가 그렇게 빈손으로 왔다가 빈손으로 떠나고 만다는 것을 미리 알았다.

뭐니 뭐니 해도 내가 본 장례식 중 가장 장엄하고 화려했던 장례식은 내가 초등학생이었던 시절 산양읍 연화리 중화 마을에서 보았던 서정기 씨의 장례 행렬이었다. 이후 2008년 통영 문화마당과 양지농원에서 있었던 현대 문학의 거장 박경리 선생의 장례식 또한 최근 보기 드문 아니, 앞으로 영원히 볼 수 없을지도 모르는 광경이었다. 전국의 문인들이 보내온 수십 개의 만장에 취타대가 호위하는 꽃상여는 보기 드문 장관이었다. 부고를 보내지도 않았고 참석하라고 독촉도 하지 않았건만 연도 변에 나와 장례 행렬을 지켜보고 눈물을 훔치는 시민들의 모습에 가슴 뭉클했다. 죽음도 또 다른 삶이다. 죽음은 끝이 아니라 시작이다. 장례식도 축제이어야 한다는 것을 그때 깨달았다. 삶도 아름다워야 하지만 죽음치레도 아름답게 해야 한다.

아직도 정정하신 구순의 노모님은 늘 동고동락했던 마을 주민들이 지켜보는 가운데 꽃상여를 타고 구망산 자락에 고이 잠드시겠단다. 혹시라도 그 화려한 꽃상여가 사라져 버리고 없으면 어떻게 할 것인지 걱정이다.

04

지 게

게으른 놈이 짐 많이 진다

지게를 보며 아버지를 생각한다. 지게는 아버지의 한과 땀과 체취가 고스란히 배어 있는 귀중한 유산이다. 어머니는 늘 아버지를 빗대어 "되글을 배워 말글을 풀어먹어도 시원찮은 판에 말글을 배워 되글도 못 풀어먹는다."며 한탄했다. 아버지는 자기 명의로 된 논 한 마지기도 없이 남의 논을 소작으로 부치면서 평생 지게만 졌다. 지게를 지기는 했지만 아버지는 농사일이 서툴러 어정잡이 농사꾼일 수밖에 없었다. 같이 공부한 친구는 면장이 되었는데 지게를 지고 싶었겠는가.

나 또한 초등학교에 입학하자마자 아버지가 만들어준 지게를 지기 시작했다. 지게는 등에 짝 들러붙어야 한다며 늘 서투른 지게질을 고쳐주기도 했다.

'게으른 놈이 짐 많이 진다' 며 적당한 양을 지고 자주 다녀야 한다고 일러 주었지만 나는 늘 과중한 짐을 졌다. 후닥닥 나에게 맡겨진 일을 마치고 신나게 놀고 싶기도 했고 또 원 없이 공부가 하고 싶었다.

여름이 오면 어김없이 뒤뜰 보리는 누렇게 익어가고 보리를 베어 타작을 해야 하는 계절이 찾아온다. 풋심(장티푸스)보다 하기 싫은 타작이었지만 피할 수 없는 일이었다. 겨우 보리타작을 다 했는가 싶은데 어느덧 여름방학이다. 부지불식간에 여름방학이 찾아오면 아침저녁으로 쇠꼴을 지게 가득 베어야 했다. 그것도 우리 집 소유의 소가 아니라 먹일 소의 쇠꼴을 베어야 했으니 그 허탈감을 어찌 말로 할 수 있겠는가. 황금 들판에 가을이 무르익기 시작하면 이제는 십리 밖 소작논의 나락을 져다 날라야 했다. 그토록 힘들여 타작한 곡식이었지만 소출의 70%는 주인이 가져갔다. 미안한 기색 하나 없이 오히려 큰소리치며 가져갔다. 그런 날에는 그렇게 지게가 미울 수 없었다. 겨울방학에는 어김없이 하루 두 짐씩 땔감을 해다 날라야 했다. 나에게 주어진 임무를 마쳐야 비로소 저수지에서 썰매를 지칠 수 있기 때문이었다. 서두르지 않으면 해가 지기 전에 얼음이 녹고 만다는 것을 잘 알고 있었다. 키가 더 이상 크지 않은 것도 어렸을 때 짐을 많이 진 탓인지도 모른다.

한낱 물건을 져 나르는 도구에 불과한 지게이지만 거기에는 아직도 당신의 정이 배어 있고 온기가 흐르고 있다. 그 지게 하나로 세상에서 제일 넘기 힘든 보릿고개도 넘었고 넉넉하지는 못했지만 8남매도 키웠다.

길 대신 지게부터 만들어 낸 조상을 원망할 겨를도 없이 아버지 세대에는 늘 현실에 순응해 왔다. 지게의 용도는 실로 다양하다. 사람이 갈 수 있는 곳

이라면 못 갈 곳이 없으며 천연 악기이기도 했다. 지게 작대기로 목발을 치며 장단을 맞추던 이웃집 아저씨의 모습은 지금도 잊을 수 없다.

양지바른 곳에 지게를 누이고 지게를 베개 삼아 낮잠을 즐기는 농부의 모습은 얼마나 평화스런 광경인지 모른다. 지게 작대기는 서부 사나이들의 권총보다 더 멋진 무기였다. 이 작대기로 뱀도 잡고 사나운 짐승도 퇴치했다. 때로는 집 안에 사람이 없다는 부재등의 역할까지 충실히 해내며 우리 민족과 괘를 같이했다. 그때는 더 이상 보고 싶지 않을 정도로 미웠던 지게인데 어인 일이지 그때 그 반질반질하던 지게가 그립다.

어릴 때는 그렇게도 싫었는데 이제는 운동 삼아 가끔 지게를 진다. 아버지가 졌던 그 지게를 지면 왠지 당신을 등에 업은 것 같다. 지게 가득 장작이라도 해 와 군불을 지피고 따뜻한 구들방에 단 하루라도 모시고 싶은데 이미 세월은 되돌릴 수 없이 멀리 가 버렸다.

05

방앗간

하얀 떡가래
쉼 없이 토해 내던 곳

방앗간, 이름만 들어도 배가 불러온다. 산업화의 거센 바람을 이기지 못해 모두 헐리었거나 남아 있더라도 대부분 제 기능을 상실한 지 오래다. 세월의 무게를 이고 힘겹게 동네 어귀를 지키는 방앗간을 볼 때마다 옛 추억에 마음 한구석이 찡해 온다.

언젠가 도보여행 중 광도면 죽림에서 만난 방앗간 풍경. 일 년 내내 휴일이 건만 '셋째 주 일요일은 정기 휴일'이라는 낡은 팻말을 보니 그 옛날 분주했을 시골 방앗간의 모습이 눈에 선하다. 방앗간 모퉁이에서 홀로 살고 계시는 몸집 좋아 인심 좋았을 할머니는 지난날을 회상하며 우리에게 이것저것 이야기에 여념이 없다.

마을마다 있었던 방앗간은 부의 상징이었다. 방앗간 집 또래가 그렇게 부러울 수가 없었다. 방앗간 하면 가장 기억에 남는 곳이 있다. 우리가 다녔던 중학교 정문 앞에 있었던 방앗간이다. 그때만 해도 시골에서는 소달구지가 가장 빠른 운송 수단이었다. 힘 좋은 황소에 소달구지, 보리방아를 찧고 떡을 만드는 기계, 지금의 중소기업에 버금가는 곳이 방앗간이었다. 먼 친척뻘인 Y형은 그 실한 덩치로 황소를 앞세우고 이곳저곳을 돌며 방아거리를 수거해 갔다.

비록 나락 가마니 위일지라도 하굣길에 소달구지를 얻어 타는 날은 얼마나 신이 났는지 모른다. 보리밥도 제대로 먹지 못하던 시절 떡은 우리에게 사치스런 음식이었다. 방앗간 집 아들 D는 도시락 대신 자주 송편을 학교에 싸 왔는데 그 때문에 이 친구는 가히 영웅 대접을 받았다.

우리는 하굣길마다 방앗간을 기웃거렸다. 낡은 창문 틈으로 허연 김이 새어 나오면 물어볼 것도 없이 떡을 하는 날이었다. 물에 불린 쌀을 기계에 몇 번 돌리면 부드러운 떡가루로 변한다. 이를 적당히 반죽해서 떡시루에 올리고 찌면 맨 먼저 시루떡이 된다. 이 시루떡을 다시 기계에 넣어 빼면 떡가래가 되고 이를 적당히 잘라 찬물에 식혀 떡판으로 눌러주면 온갖 모양의 떡이 만들어진

다. 방앗간 가득한 떡 냄새, 고소한 참기름 냄새. 아! 그 맛을 어떻게 잊을 수 있겠는가.

당시만 해도 기제사 때는 집에서 손수 시루떡을 빚어 사용했지만 환갑잔치나 혼사를 앞두고는 예외 없이 방앗간을 이용했다. 잔칫집에 다녀올 때마다 어머니가 겹겹이 싼 신문지나 손수건을 풀어 건네주던 그 송편 맛은 다시는 되돌릴 수 없는 아련한 추억이 되어버렸다.

어릴 적 추억이 고스란히 남아 있던 모교 앞 방앗간도 얼마 전 흔적도 없이 역사의 뒤안길로 사라지고 말았다. 그때 그 풍족했던 방앗간 건물도, 힘센 황소도 없고, 신나게 달리던 소달구지는 액자 속의 흑백사진으로 박제되어 묵묵히 화려했던 과거를 증언하고 있을 뿐이다.

혹시나 싶어 다시 찾았던 광도면 죽림의 방앗간도 주변의 각종 원룸 건설에 흔적도 없이 사라져 버린 뒤였다. 무언가 큰 것을 잃은 것처럼 낙심하여 쓸쓸히 발길을 돌릴 수밖에 없었다.

흘러간 과거를 되돌릴 수 없는 일이지만 자녀 교육을 위해서라도 한 곳 정도 잘 보존할 방법은 없을까. 참 가슴 아픈 일이다.

06

편지와 빨간 우체통

사랑하였으므로 행복하였네라

서랍을 뒤지다가 빛바랜 군사우편 한 장에 넋을 잃고 말았다. 30년도 더 지난 일이다. 어려웠던 시절 유일한 통신수단인 편지를 주고받으며 늘 우정을 다진 친구가 있었다.

믿었던 친구에게 보증을 잘못 섰다가 빚 독촉을 이기지 못해 스스로 목숨을 끊어버린 불쌍한 친구다. 나보다 먼저 군에 입대한 그 친구와 주고받은 군사우편이 고스란히 서랍을 지키고 있다. 성격이 온순하고 심성이 착한 그는 나보다 한 살 위지만 모든 일에 적극적이고 성격이 활달한 나를 무척 따랐다.

그 시절 어렵고 암울한 환경 속에서도 좌절하지 않고 견뎌 낸 것은 사흘이 멀다 하고 주고받은 편지의 힘이 컸었다. 군복무를 마치고 직장을 얻은 우리

는 의기투합해 후배 한 명과 더불어 한마을에서 세 명이 같은 날 결혼식을 올렸다. 물론 신혼여행 코스도 같았다. 말 그대로 죽마고우였는데 먼저 가다니 참으로 가슴 아픈 일이다.

지금이야 별 부칠 곳도 없고 부친다고 해 보았자 전자메일이 있는 편리한 세상이다. 사춘기 때 어머니가 마을 잔치에 가셨다가 무언가 가져오기를 기다리듯 나는 늘 우체부 아저씨를 목 빼고 기다렸다. 마을 어귀로 들어오는 우체부 아저씨의 자전거만 보아도 가슴 두근거렸다.

중학교 때는 동네 선배들의 연애편지를 전달해 주는 사이비 배달부 역할을 톡톡히 했다. 훈련병 시절에는 선임하사의 편지를 대신 써주기도 했다. 늘 편지와 가까이한 생활이었다. 답장 한 번 받아보지 못했지만 짝사랑한 윗동네의 처녀에게 줄기차게 써 보낸 수백 통의 편지, 그 내용은 알 수 없지만 그래도 그 시절 낭만이 있어 좋았다.

서툴긴 해도 이렇게나마 겁 없이 글줄이나 쓸 수 있는 것도 따지고 보면 모두 쉼 없이 썼던 편지 덕분이었음을 고백하지 않을 수 없다. 지금의 아내도 정성 들여 쓴 나의 편지 한 통에 반해 첫선에 선뜻 결혼을 승낙하게 되었다니 이 얼마나 특효약인가.

편지, 하면 우리는 청마가 이영도 시인에게 보냈던 연서를 생각하지 않을 수 없다. 청마가 20여 년에 걸쳐 이영도 시인에게 보냈다는 오천여 통의 편지는 그대로 오롯이 그의 문학이자 시 세계다. 이 내면적인 절규를 들어 보지 않고는 청마문학의 깊이를 이해할 수 없다. 그중 1946년부터 1952년 사이의 편지는 통영 시절의 편지로 통영우체국의 우체통을 통해서였다.

> "나는 시인이 아니어도 좋습니다. 내 글이 문학이 아니어도 좋습니다. 오직 내 글이 인생의 목숨이 희구하는 바 그 진실이 무엇인가를 찾아 그것을 증거함으로써 족할 따름이오, 그 증거를 위하여만이 내 글은 값 쳐질 것입니다." 이는 일찍이 청마가 스스로의 문학적 자세를 설파할 때 늘 써 오던 말이다. 이런 뜻에서 볼 때 밖으로 겨레와 조국을, 그리고 인류를 열애하고 분노해 온 청마가

자신의 가장 진실된 내면의 호소를 그의 사랑한 정운 여사에게의 편지로 적은 오천여 통의 서간들은 바로 청마의 인간사이자 애정사이며 나아가 청마문학의 태반이 아닌가 싶다.

이룰 수 없는 애정을 가슴속 깊이 간직하고 한국적 사회도덕과 윤리감에서 안으로 몸부림쳐 온 그 영혼적인 조갈과 허망과 자기 분노는 결국 엄숙하도록 철저한 허무의 의지로 형상화된 시로서 표현될 수밖에 없었기 때문이다. 진실로 청마의 문학을 깊이 이해하려면 그가 사랑하는 사람에게 호소한 이 내면적인 절규를 들어 봄으로써 비로소 가능할 것이며 이 편지들은 그와 같은 뜻에서 비록 사서라 할지라도 청마가 정운 여사에게 보낸 통속적인 사랑의 편지라기보다 오히려 시인 청마의 공적인 인간의 여류시인 정운의 공적인 인간에게 실토한 인생의 소리라 믿음으로 나는 즐거이 이 편지들을 선편할 수 있었던 것이며 더욱이 고인 생존 시부터 이 서간집이 출간과 또 그때는 그 정리를 내가 돕기로 이미 약속되어 있었는 바, 이번의 정리는 말하자면 그와 같은 약속의 이행이기도 한 것이다.〈하략〉

위 글은 1967년 6월 최계락이 《사랑했으므로 행복하였네라》라는 책 끝에 붙여 쓴 글이다.

책을 읽지 않는 아이들, 편지를 쓰지도 기다릴 줄도 모르는 아이들이 많아져 간다. 편지만 사라지는 것이 아니라 그리움도 함께 사라지는 것 같아 더욱 가슴 아프다. 이토록 정감 어린 편지를 담는 그릇이 빨간 우체통이다.

이제 우리 지역에서도 우체통을 보는 것은 여간 어려운 일이 아니다. 지금

도 수거 물량이 적다는 이유로 우체통이 자취를 감추고 있다. 우체통에 들어 있는 편지가 하루 세 통 미만인 경우가 석 달 이상 지속되면 우체국장 권한으로 우체통을 없앨 수 있다고 한다.

우정사업본부에 따르면 1970년대 처음 등장한 빨간 우체통은 2000년대 들어 매달 평균 10~20개씩 꾸준히 감소하고 있다. 2010년 말 기준 전국의 우체통은 2만2천여 개로 우체통이 가장 많았던 1993년(5만7천여 개)에 비하면 절반 이하로 줄어들었다 한다. 우체통에 들어가는 우편물이 줄어든 것은 짐작하다시피 전자우편 등의 영향으로 개인적인 편지가 급감한 탓이다. 국내 우편물량은 2010년 말 기준 49억 통 규모인데 '일반 우편물'은 전체의 10% 정도다. 나머지는 통신서비스사업자 · 신용카드사 · 은행 · 백화점 등이 고객에게 보내는 발송물과 관공서의 각종 고지서처럼 모두 대량 살포되는 것들이다. 우정사업본부는 일반 우편물로 분류된 것들 중에서도 진짜 편지에 해당하는 것을 절반 미만으로 추산하고 있다니 안타까운 일이다.

2009년 5월부터 운영 중인 인천공항고속국도의 영종대교기념관에 자리한 '느린 우체통'은 꼭 1년 후 수취인에게 편지를 배달한다. 울산광역시가 2006년 12월 해맞이 명소인 울주군 서생면 간절곶에 설치한 '간절곶 소망우체통'은 높이 5m · 둘레 12m의 크기를 자랑한다. 그리운 사람에게 사연을 띄울 수 있도록 엽서가 비치돼 있어 관광객들의 발길이 잦다. 우리나라 최대 규모의 우체통은 간절곶 소망우체통을 벤치마킹한 광주광역시의 광산구 수완호수공원에 세운 높이 7m, 둘레 12m의 '희망우체통'이다.

뭐니 뭐니 해도 우체통의 대명사는 통영의 중앙동 우체국 앞에서 수십 년 동안 변함없이 서 있는 청마우체통이다. 청마의 통영 시절 여류시인 이영도를 비롯하여 지인들에게 보냈던 약 5천여 통의 편지는 순전히 이 우체통을 통해서이다. 기네스북에 오를 기록이다.

지각없는 몇몇 사람들의 뜬금없는 친일 의혹 제기로 인해 청마우체국으로의 개명이 좌절된 틈을 타 청마가 한때 생활했던 부산 동구에서는 최근 '유치환의 우체통' 개소식을 가졌다니 두고두고 분통 터지는 일이다.

07

복자네 집

청마와 이중섭이 대작했던 선술집

J형!

어느 날 우리 시 민원실의 모 직원으로부터 메일 한 통이 왔습니다. 이중섭이 자주 들렀다는 항남동의 '복자네 집'이 어디인지 알려 달라는 내용의 사연이 우리 시 홈페이지에 게재되었다며 이를 아는 사람은 아무래도 나일 것 같아 답변을 부탁한다는 메일이었습니다.

때마침 수개월 전부터 '통영과 이중섭'이라는 책을 펴내기 위해 자료를 챙기고 원고를 쓰는 중이라 항남동 어디엔가 '복자네 집'이 있었고 이중섭과 그의 친구들이 자주 들렀다는 사실을 이미 기록을 통해 알고 있었습니다만 당시에 있었던 그저 그런 술집이었겠지 하며 대수롭잖게 생각하고 있었습니다.

'복자네 집' 까지 아는 분이라면 이중섭과 통영에 관해 꽤 많은 것을 알고 있을 것만 같아 대충 답을 써서는 안될 것이라는 생각이 들었습니다. 민원을 올린 분에게 아래와 같은 답을 홈페이지에 올려두었다고 전화를 했더니 아니나 다를까 주인공은 부산에 거주하는 사람으로 일 년에 몇 번씩 통영 여행을 즐기는 통영 마니아였습니다.

잘 아시다시피 이중섭은 6·25전쟁이 터지자 원산에서 부산으로 피난을 왔습니다. 부산의 피난 시절이 너무 어려워 1951년 봄에 서귀포로 피난을 갔다가 그마저도 여의치 않아 다시 부산으로 돌아옵니다. 전쟁 통의 부산 생활은 말이 아니었습니다. 그러던 중 이중섭은 경상남도나전칠기 기술원양성소(소장 양성봉 경남지사) 강사로 있던 공예가 유강렬의 권유로 통영으로 피난 왔습니다. 그때가 1952년 늦은 봄이었습니다. 물론 그때는 이미 부인 이남덕과 두 아이를 일본으로 보낸 이후였습니다. 1954년 봄에 통영을 떠났다고 하니 통영에 머문 기간은 지금까지 알려진 6개월보다 훨씬 긴 약 2년간입니다.

당시 통영은 다른 곳에 비해 전쟁의 피해가 적었고 청명한 기후에 풍광이 아름다웠으며 먹거리가 풍부한 도시였습니다. 게다가 주변에는 서양화가 김용주를 비롯한 전혁림, 장윤성과 시인 청마 유치환, 초정 김상옥 등이 있었습니다.

게다가 초대 충무시장을 역임했던 김기섭을 비롯한 재력가들의 후원으로 이중섭은 오랜만에 밥걱정하지 않고 창작에 열중할 수 있었습니다. 1953년 말에 통영의 성림다방(현 우리은행 앞 정비뇨기과)에서 약 40여 점의 작품으로 개인전을 가진 적도 있습니다. 이중섭의 개인전에서 보았던 '달과 까마귀' 에 대한

유흥주점
지하
굴수협
중매인 추천업소
통굴가
굴요리전문점
☎645-2088
646-9101
모텔신라
주차장
대화
노래하는
소주방
통굴가
고바우
식당
주차금지
69고 9255

기억으로 훗날(1967년) 청마 유치환은 '괴변-이중섭화 달과 까마귀에' 라는 시를 발표하기도 했습니다.

통영에서 그는 대표작 〈황소〉, 〈부부〉를 비롯한 〈선착장을 내려다본 풍경〉, 〈남망산 오르는 길이 보이는 풍경〉 등 수많은 풍경화를 그렸다는 것은 다 아는 사실입니다.

이중섭은 본디 술을 좋아하기도 했겠지만 그 암울했던 시기에 지식인으로서 술을 마시지 않고 산다는 것은 불가능했을 것입니다. 말술을 마시고도 끄떡없는 청마 선생과도 대작을 하는 등 통영에서 이중섭은 지인들과 어울려 자주 술을 마셨습니다.

이중섭이 자주 갔다는 '복자네 집' 은 항남동 포트극장 주변일 것으로 추측은

하지만 확실히 그 장소를 아는 사람은 없습니다. 이곳 외도 김성수(칠예가)와 박종석(서양화가)의 증언에 의하면 옛 국민은행 부근에 적옥赤玉(아카다마)이라는 고급 요정이 있었고 그 뒤에는 하청여관이 있었는데 이중섭이 즐겨 갔던 곳이라 전합니다.

특히 이중섭과 깊은 교유를 가졌던 통영 최초의 서양화가 김용주가 말끔한 차림에 베레모와 선글라스를 끼고 이곳에 나타나면 술집에는 어느새 온기가 돌았다고 합니다.

30여 년 전만 하더라도 항남동은 여객선부두가 있어 사람들의 왕래가 잦았고 특히 뱃사람들로 인해 술집은 앉을 자리가 없을 정도로 번창하였습니다. 그 많은 술집 중 상다리가 부러지도록 나오는 안주와 색시가 있는 술집도 많았습니다. 특히 항남동은 통영의 명동으로 거의 모든 상가가 이곳에 밀집해 있었고 '도깨비 골목' 이라 하여 문전성시를 이루었습니다. '복자네 집' 은 그중의 단골 술집이었겠지요. 이제 세월은 무심히 흘러 이중섭과 청마와 김용주도 가고, '복자' 와 '복자네 집' 도 간곳없습니다.

우리 시에서는 이미 보도블록에 이중섭의 작품을 아트타일로 만들어 깔았고 버스정류소에 이중섭의 초상화를 걸었습니다. 문화마당에는 통영에서 그린 〈선착장을 내려다본 풍경〉, 〈남망산 오르는 길이 보이는 풍경〉 등 2점의 화판을 설치하는 등 이중섭의 숨결을 느낄 수 있습니다.

이 답변을 쓰면서도 이중섭의 흔적을 찾아 도보 기행코스로 연결한다면 제주의 올레길에 견주어도 전혀 손색이 없겠다는 생각이 듭니다. 없는 것도 만드는 세상인데 있었던 복자네 집을 찾아 복원한다는 것은 얼마든지 가능한 일이지요.

아트타일, 연보, 초상화 등이 있는 이중섭 거리를 출발하여 〈남망산 오르는 길이 보이는 풍경〉을 그렸던 태평동과 〈문화동 배수지〉와 〈선착장을 내려다 본 풍경〉을 그렸던 골목 어귀에서 풍경화와 구도가 같은 사진을 찍는 것은 큰 기쁨일 것입니다.

다시 미로 같은 골목길을 따라 항남동으로 내려와 이중섭이 기거했던 항남동의 경상남도 나전칠기 기술원양성소에 들러 불우한 인생을 살다간 천재 화가 이중섭을 느껴 보시기 바랍니다.

이제 마지막으로 이중섭과 청마가 그 암울했던 조국의 운명과 헤어진 가족에 대한 깊은 상처를 어루만지며 밤새워 술을 마셨을 법한 허름한 선술집에서 몇 잔의 소주를 마시고 다시 항남동의 밤거리를 밤새워 걷다 보면 달빛에 찰랑이는 바다 속으로 걸어 들어가고 싶을 것입니다.

08

오솔길과 골목길

오솔길 걸어야 깨달음 얻어

걷고 싶은 거리 중 으뜸은 오솔길이다. 이름만 들어도 얼마나 아름다운가. 오솔길보다 더 걷고 싶은 거리가 있을까. 세계를 움직인 석학들은 하나같이 오솔길을 걷다가 깨달음을 얻었다고 한다. 석가가 그랬고 예수도 그랬다. 시멘트 길을 걷다가 진리를 깨달았다는 철학자는 아무도 없다. 독일의 하이델베르크대학 내의 철학의 길은 괴테가 아침저녁으로 걷던 오솔길로 유명하다.

통영의 남망산 가는 길은 청마 유치환, 김춘수 등이 뻔질나게 오르내리며 작품을 구상했던 길이다. 1950년대 정지용이 청마를 찾아왔다가 남망산에 올라 통영의 풍광에 반해 통영에서는 시인이 나올 수밖에 없는 곳이라고 감탄했다.

70, 80년대 우리는 남망산 가는 아름다운 오솔길을 아지트 삼아 여고생들과 데이트를 즐겼다. 공원 들머리에 핀 백목련, 푸른 탁구장과 미니골프장 둘레에 핀 복사꽃과 화려한 벚꽃은 젊은 날 우리의 가슴을 불태우기에 충분했다. 시립도서관과 청마의 깃발 시비는 우리에게 시심을 심었다. 통영에서는 벅수도 시 한 수 정도 암송할 수 있다는 말이 그저 생긴 말이 아니다.

이 길 외도 통영에는 한 번 걸어보지 않으면 후회할 아름다운 오솔길이 많다. 한산 추봉도의 한산사에서 추원 마을 가는 오솔길은 무릉도원을 방불케 한다. 매물도 대항 마을에서 당금 마을 가는 오솔길과 비진도 내항에서 외항 가는 오솔길은 정말 환상적이다. 위치에 따라 섬의 개수가 바뀌는 가익도를 바라보며 걷는 것은 가히 축복이다. 사량도 아래 섬의 사포 마을 가는 길, 욕지 노대도의 탄항에서 산등 넘어가는 오솔길은 신이 우리에게 준 큰 선물이다. 오솔길 주변으로 자생하는 둥글레, 돌미나리, 갯방풍, 치나물 등은 보약과 다를 바 없다.

내가 걸어 본 오솔길 중 가장 아름다운 길은 뭐니 뭐니 해도 한산사 가는 길

이다. 대봉산을 배경으로 바다 위에 고가도로처럼 펼쳐진 아름다운 길이다. 볕 발라 겨울이 없고 지천으로 핀 돌복숭아꽃은 무릉도원이다. 코끝으로 용초도, 죽도, 장사도, 대덕도, 소덕도 등 보석 같은 섬들이 그림처럼 아름다운 길이다.

일 년 내내 흙 한 번 밟아 볼 수 없는 도시인들이 찾아온 농촌이나 섬지방에 걷고 싶은 오솔길 한두 군데 없다면 무슨 매력이 있을 것인가.

이토록 아름다운 오솔길들이 주민숙원사업이라는 미명 아래 콘크리트에 의해 사라져 가는 것은 안타까운 일이다. 샛강을 살리기 위해 하천 복개를 법으로 막듯이 오솔길을 보존하기 위해 콘크리트 포장을 법으로 막아야 할 때다. 더 늦기 전에 환경을 사랑하는 사람들이 나서서 오솔길 보존운동이라도 벌여 나가야 하리라. 시멘트 길은 우리에게 관절염과 신경통을 안겨다 줄 뿐이다. 흙으로 빚어졌음에도 흙을 외면한 나머지 온갖 질병에 시달리다가 그래도 마지막에는 흙으로 돌아가는 것이 인간사 아니던가. 더 이상 오솔길을 없애는 우를 범하지 말아야 하는 것은 사람과 동물이 더불어 살아갈 수 있는 생명의 길이자 희망의 길이기 때문이다.

골목길 또한 우리의 큰 자산이다. 제주 올레길이 만들어지기 몇 년 전 필자가 기획한 '걸어서 떠나는 역사문화기행' 을 본떠서 '토영 이얏길' 이 만들어

졌다. 이는 골목길에 서려 있는 민초들의 삶과 예향 통영의 이름을 널리 알린 작가들의 호흡과 숨소리를 들으며 걸을 수 있도록 골목길을 연결한 도보기행 코스이다. 동피랑 벽화골목의 성공에 힘입어 최근에는 서피랑 골목 만들기, 항남동 골목길 만들기, 김밥 골목 만들기 등 골목을 테마로 한 관광자원화 조성사업이 한창이다. 이어령 초대 문화부장관이 통영을 방문하여 '통영의 골목길' 은 큰 문화자산이라고 말한 적이 있다.

리어카 하나 들어갈 수 없는 좁고 보잘것없는 골목길이 이제 큰돈이 되는 시대이다. 개발이라는 미명 아래 만들어진 신작로는 우리에게 편리함을 줄지는 몰라도 그리움과 추억을 선사할 수 없는 일이다. 그대로 두는 것만으로도 잘하는 일이다.

09

외 상 술

외상이라면 소도 잡아먹는다

"외상이면 소도 잡아먹는다."는 속담이 있다. 지금 당장 대가를 지불하지 않는다는 매력 때문에 앞일은 생각지도 않고 우선 먹고 본다는 말이다.

특히 '외상술'은 값을 나중에 치르기로 하고 마시는 술이라고 표준국어대사전에까지 올라 있으니 알 만한 일이다. '외상술'이라는 단어가 오래지 않아 고어古語가 되고 말지도 모르겠다.

1980년대 신출내기 공무원 시절 외상술은 우리의 유일한 낙이었다. 한 달치 월급이라고 해 보았자 불과 기십만 원밖에 되지 않던 우리 같은 신출내기는 외상술을 먹지 않고 배길 방법이 없었다. 월급 받는 날 이미 전월분 외상값을 갚고 나면 또 한 달을 줄곧 외상술로 살아야 했다.

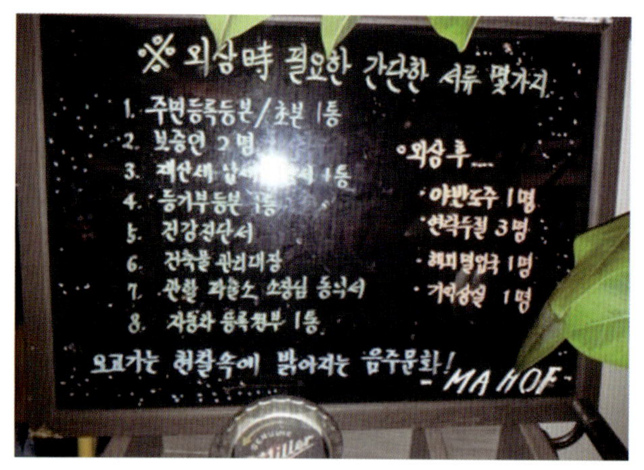

첫 발령을 받은 산양 면사무소 담 너머로 간판도 없는 막걸리 집이 있었다. 안주라고 해 보았자 김치와 마른 멸치에 고객의 원에 따라 라면도 끓여 파는 구멍가게였다. 갑자기 찾아오는 친구나 손님은 말할 것도 없고 상부(군청)에서 내려오는 직원까지 모두 이곳에서 외상으로 대접할 수밖에 없었다.

노부부는 순전히 면사무소 직원과 관공서를 찾는 손님들을 상대로 생계를 꾸려 나가고 있었다. 공무원에게 외상을 주면 조금 늦게 받을지는 몰라도 떼일 염려는 없다는 확고한 경영철학을 가진 분이 운영하는 주막이었다. 주인 할아버지는 매월 봉급날이면 우리가 출근하기 전에 직원들의 책상 앞으로 깨알같이 쓴 외상 명세표를 배달하고 어김없이 외상값을 받아갔다.

당시는 봉급을 현금으로 받던 때라 이 외상값을 갚지 않을 방법이 없었다. 사정이 여의치 못해 전월 외상값을 지불하지 못한 직원은 아예 이 막걸리 집에 갈 생각을 말아야 할 정도였다. 외상술을 주지 않을 뿐만 아니라 미안해서 그곳을 갈 수 없는 것이었다. 그래도 다음 달에는 꼭 갚아주겠다고 사정이라도 할라치면 그래도 한두 번은 인정에 못 이겨 눈감아 주는 미덕도 있었다.

당시는 술뿐만 아니라 책이나 옷, 가전제품까지도 외상이나 월부가 있었다. 다들 어려운 시기라 파는 사람이나 사는 사람 모두에게 외상은 필요악 같은 존재였다. 유난히 책 욕심이 많던 나는 어지간히 월부로 책을 사 모았다. 아직도 나는 그 월부 책을 버리지 못하고 간직하고 있다.

우리보다 몇 년 선배 공무원들은 그때 벌써 고급 술집을 찾아 충무시내로 진출하고 있었다. 술을 얼마나 어떻게 마셨는지 모르지만 봉급날이면 오전부터 립스틱 짙게 바른 예쁜 아가씨들이 민원실 앞 소파에 진을 치고 있었다. 눈치 빠른 선배들은 뒷문으로 빠져 도망을 가기도 하는 진풍경이 벌어지기도 했다. 그 유명한 도깨비 골목의 진주집, 영애집, 구번지 등에서 외상 술값을 받으러 온 아가씨들이었다.

신출내기인 우리도 오래지 않아 선배들의 그 마음을 이해할 수 있었다. 외상술일수록 신용이 있어야 하는 법이다. 주머니는 텅텅 비었고 꼭 대접해야 할 친구가 왔는데 외상술이라도 먹을 곳이 없다면 이 얼마나 비참한 인생인가? 한두 번 외상값을 잘 갚는다는 소문만 나면 그 다음부터는 외상술 먹기가 훨씬 수월해진다. 그때부터 신용거래가 이루어지는 것이다. 그러나 신용이 없으면 이집 저집 전전긍긍하며 불안하게 술을 마셔야 한다.

지금이야 외상이라는 거래 자체가 없어지고 이를 신용카드가 대신하고 있

는 편리한 세상이다. 신용 있는 카드 한 장만 있으면 한 달 내내 현금 일 원짜리 한 장 없이도 실컷 먹고 자고 쓸 수 있는 세상이다.

어찌 보면 신용카드 또한 외상의 다른 이름일 수밖에 없다. 직접 현금을 지불하지 않고 한 달 만에 대가를 지불해야 하는 것은 외상과 다름없다. 외상은 인정사정이라도 있어 몇 달간 사정을 봐 주기도 하고 외상값을 지불하는 날은 덤으로 몇 병의 술이나 안주도 얻어 마실 수도 있다. 게다가 삭감이나 유예라

는 것이 있어 다분히 인간적인 제도이다. 그러나 신용카드는 제때 갚지 않으면 엄청난 고리의 이자가 붙기 시작하고 그래도 갚지 않으면 돈 몇 푼일지라도 신용불량자로 만들어 사회에서 격리시키기 일쑤다.

나올 구멍도 없는데 신용카드로 돈을 빌려 썼다가 패가망신한 사람이 어디 한두 명이던가. 신용카드 빚을 갚기 위해 벌어지는 온갖 범죄행위가 그 도를 넘었다니 안타까운 일이다. 엊그제는 농협 전산망이 해킹당해 현금 없이 다니던 사람들이 큰 불편을 겪었다니 신용카드만 믿었다가는 큰 낭패를 볼 수도 있겠다.

최근 통영시는 국비를 지원받아 항남동 주변 골목길 살리기 프로젝트를 시행한다 하니 반가운 일이다. 도깨비골목은 물론이거니와 복자네 집, 구번지, 진주집, 영애집도 되살리고 이곳만큼은 전국에서 유일하게 젓가락 장단에 맞추어 신나게 노래 부르고 외상술까지 먹을 수 있는 골목 특구로 지정한다면 얼마나 근사할 것인가.

술값 대신 이중섭은 그림을 그려주고 청마는 시를 지어 주었을 법한 항남동 뒷골목의 허름한 선술집에서 신용카드가 아닌 외상으로 술 한 잔 할 수 있다면 얼마나 감동적일까.

10

워낭소리

가축 재난 책임 인간에게 있어

오지 중의 오지인 경북 봉화의 청량산 자락에서 평생 땅을 지키며 살아온 팔순의 최원균 할아버지에게 30년을 부려온 소 한 마리가 있었다. 소의 수명은 보통 15년인데 이 소의 나이는 무려 마흔 살이다. 할아버지는 여덟 살 때 한쪽 다리의 힘줄이 늘어져 평생 장애를 안고 살아왔다. 하지만 늙은 소가 끌어주는 작은 수레를 타고 움직일 수 있었고 그 소 덕분에 농사를 지으며 9남매를 키웠다. 우직한 늙은 소가 한집안을 먹여 살린 셈이다. 이 소는 할아버지의 가장 가까운 가족이자 최고의 농기구이고 유일한 자가용이다.

귀가 잘 안 들리는 노인이지만 희미한 소의 워낭 소리를 귀신같이 듣고 한쪽 다리가 불편하지만 소 먹일 풀을 베기 위해 매일 산을 오른다. 심지어 소에

게 해가 될까 봐 논에 농약을 치지 않는 고집쟁이다. 소는 제대로 일어서지도 못 하면서 주인이 고삐를 잡으면 엄청난 나뭇짐도 마다 않고 나른다.

그러던 어느 날 아내의 성화에 못 이겨 살 날이 얼마 남지 않은 소를 팔겠다고 우시장으로 향하던 날, 할아버지는 마지막이라며 소에게 여물 한 바가지를 더 얹어 준다. 소는 큰 눈망울로 눈물만 떨어뜨릴 뿐 여물을 잘 먹지도 않는다. 우시장에서 할아버지는 그저 줘도 안 가져갈 것 같은 늙은 소를 500만 원이 아니면 팔지 않겠다고 고집을 피운다. 결국 아무도 사려는 사람이 없어 할아버지와 소는 함께 집으로 돌아온다. 그러던 어느 날 늙은 소는 더 이상 일어서지 못하고 죽었다. 할아버지는 그 소를 사람처럼 장사 지내고 땅에 묻었다. 이는 독립 영화로 온 세상 사람을 울리며 100만 명의 관객을 동원해 화제를 모았던 영화 《워낭소리》의 줄거리이다.

2011년 새해 벽두 온 나라가 구제역 공포에 휩싸여 농촌은 온통 초상집이

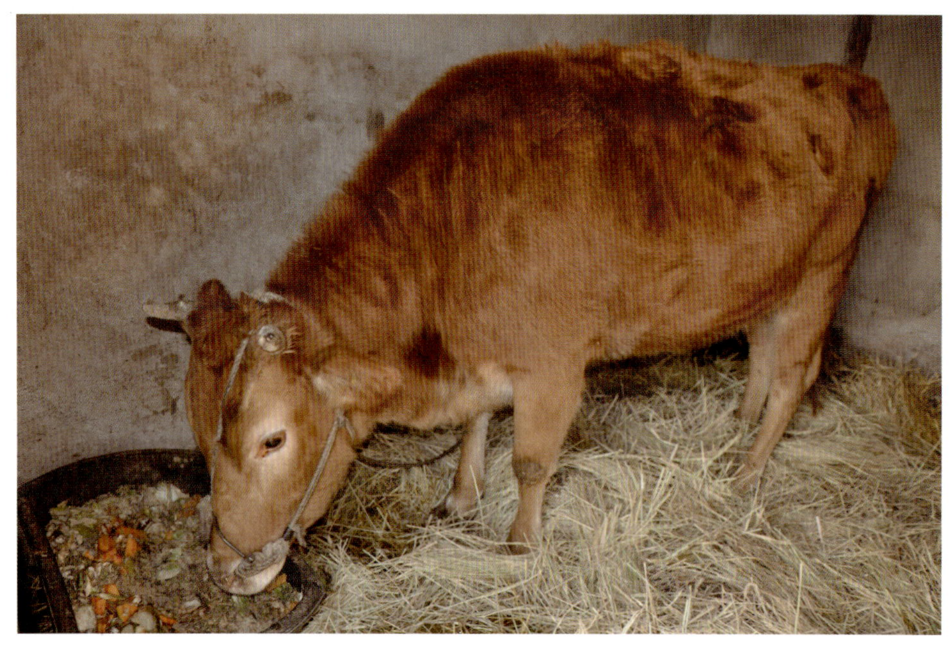

되고 말았다. 심지어 우량 종자를 생산해 내는 수억짜리 종우는 물론 그 힘센 싸움소까지도 씨가 말랐다. "도대체 어떻게 키워 온 소인데 산 채로 묻어야 한단 말인가. 소와 함께 죽고 싶다"며 눈물 흘리던 어느 농부의 모습은 우리를 슬프게 한다. 말이 짐승이지 우리와 함께 생사고락을 함께한 가족을 산 채로 매장을 해야 한단 말인가. 가축의 주인은 말할 것도 없고 수의사도 담당공무원도 모두 정신적인 공황을 맞았다니 도대체 이 일을 어떻게 하면 좋을까? 어느 곳에서는 생매장된 소의 위령제를 지낸다고 하니 도대체 이 일을 어떻게 할 것인가.

예부터 소는 자식의 대학 등록금을 마련해 주기도 했고 자녀 결혼식 자금 등 살림 밑천이었다. 팔려가거나 도살장으로 끌려가면서 우는 것을 보면 말이 짐승이지 사람과 다를 바 없다. 한평생 일만 하다가 죽어서는 고기와 가죽 등 모두 인간을 위해 바치고 생을 마감한다. 한산면 매물도 어느 집에서는 소를 호적에 올렸다고 하니 어찌 소를 짐승이라고 할 것인가.

경북 안동에서 처음 구제역이 발생한 이래 2월 15일로 80일이 되는 날이다. 마침 어제는 구제역 방역 업무를 지원하기 위해 통영IC 방역 초소에서 지원 근무를 나갔지만 이 조그마한 일이 국가적인 재앙에 무슨 큰 도움이 될지 안타까울 따름이다. 전국적으로 각 초소마다 근무하는 일용 인부들이 일자리를 잃는 한이 있어도 이 재앙이 하루속히 종결되기를 방역 초소 안에서 우두커니 생각해 보는 것이다.

좋은 말로 살처분이지 현재까지 생매장 330만 마리에 피해액이 2조 원이 넘는다니 천문학적인 숫자다. 피해는 여기서 그치지 않고 살처분으로 인한 지하수 오염 등 2차 피해가 우려된다며 온 나라가 구제역으로 몸살을 앓고 있다. 이 대형 가축 재난의 책임은 말 못하는 짐승에게 있는 것이 아니라 그 똑똑한 인간들에게 있다는데 문제가 있는 것이다. 지금도 워낭 소리 울리며 주인을 위해 묵묵히 일하고 있는 어느 늙은 소에게 가 이 일을 어떻게 하면 좋을지 물어 볼 일이다.

추억 속의 풍경

사라져가는 것은
다 아름답다

chpator 2

since 1960
산양이용원

11

통영연

푸른 하늘 배경 삼아 호연지기 배워야

겨울 방학이 되고 보리가 파릇파릇해지면 골을 타고 마을까지 내려오는 찬 바람에 축담 밑에 고구마는 얼고 녹기를 반복하여 그 맛을 더해 간다. 땔감을 한 짐 하고 나면 뉘엿뉘엿 해가 저물고 소죽솥에서는 고구마 줄과 볏짚을 섞은 소죽 냄새가 오감을 자극한다. 당연히 소죽솥 장작더미에 넣어 둔 고구마도 적당히 익는다. 소죽을 퍼 주고 저녁밥을 먹는 둥 마는 둥 또래들이 동네 가운데로 모여든다. 당연히 낮에 봐 두었던 대밭을 습격하기 위해서다. 연을 만들려면 대나무 중 마디가 작은 신우대(통영지방에서는 시릿대, 시룻대라고 함)가 필요했다. 주인 몰래 신우대를 쪄 와 한 며칠 말렸다가 사랑방에 모여 연을 만든다. 창호지를 구하면 천만다행이고 그렇지 않으면 시멘트포대 종이라도 감지덕지였다. 종이를 여러 번 접고 가위로 가운데를 자르면 연 구멍이 생긴다. 맨 먼저 이마 살을 바르고 나면 다음은 빈 그릇을 엎어놓고 깃 살을 붙일 순서다. 겨우 깃 살을 붙이고 나면 이번에는 기둥 살을 붙여야 한다. 근사하게 기둥을 세우고 나면 마지막으로 목살을 붙이고 애장가리를 붙이고 나면 금방 연이 하나 완성된다. 다음 날 아침 일찍 목줄을 메고 얼레를 들고 나오면 연 띄울 준비는 끝이다. 그렇지 않아도 긴 겨울밤이 연을 만든 날 밤에는 더욱 더디만 갔다.

이처럼 아이 어른 가릴 것 없이 연을 만들지 못하는 사람은 거의 없었다. 그래서 통영은 연의 고장이다. 인진왜란 때 통신용으로 사용했다는 설도 있으나 정확한 기록이 없어 아쉽다. 삼봉산연, 머리연, 기봉산연, 외당가리연, 갈치당거리연, 돌쪽바지개연, 수리당가리연, 기바리연 등 이름도 특이하고 문양 또한 아름답기 그지없다.

겨울이 오면 온 동네가 이 연 저 연 온갖 연으로 술렁인다. 섣달부터 정월 대보름까지 아름답고 날렵하고 맵시 있는 온갖 연들이 겨울 하늘을 수놓기 시작한다. 이 마을에서 연을 날리면 건넛마을에서 백사를 먹인 날쌘 연이 날아올라와 이 연을 낚아챈다. 제아무리 좋은 연이라도 떨어진 연은 주운 놈이 임자다.

시민여러분! 계사년 새해 福 많이 받으시고 부자되세요
계사년정월대보름맞이 제19회 범시민달집태우기

건넛마을의 멋진 연을 걸어 이기려면 연실에 사를 먹이는 것이 기본이다. 유리병 깨진 것, 사발 깨진 것 등 유리 조각은 모두 연사의 좋은 재료였다. 마을 뒷산 장군 묘 앞에 있는 상석에서 곱게 빻은 사금파리를 보리밥풀에 섞어 사를 먹이면 누가 이 연을 상대하랴.

연사도 중요하지만 연을 띄우는 기술도 승리를 위해서는 필수적이다. 공중에 떠 있던 방패연이 건넛마을의 연을 발견하고 쏜살같이 내리꽂히면서 상대방의 연줄을 낚아채고 사력을 다해 얼레를 감으면 순식간에 건넛마을 연이 무

너져 내린다. 우리는 환호성을 지르며 그 아름다운 연을 잡기 위해 산도 물도 마다하지 않고 연을 찾아 나서는 것이다.

이렇듯 걸쌈을 잘하는 연이 있는가 하면 땅에 바짝 붙어 파릇파릇 나기 시작한 보리 낱을 세는 연도 있다. 어떤 연은 여인네가 이고 가는 물동이 안의 물을 마시고 나오는 연도 있고 바다에다 아랫도리만 적시고 올라오는 연도 있다.

연이라면 자다가도 일어나는 나였다. 마침 아버지께서 연 띄우는 것을 좋아하고 연을 잘 만드는 바람에 우리 동네에서 연싸움으로 나를 이길 사람은 아무도 없었다. 그토록 연과 함께 성장한 우리 세대를 끝으로 연날리기는 최신식 놀이기구와 게임으로 인해 사망 선고를 받은 지 오래다. 우리 통영의 아이들만이라도 겨울방학 동안 PC게임방을 뛰쳐나와 저 푸른 하늘을 배경으로 연을 날리며 호연지기를 배우도록 하는 방법은 없는 것일까.

연 하나에 평생을 걸고 연을 연구해 연 마니아들과 동아리를 중심으로 통영전통연의 맥이 근근이 이어지고 있다. 매년 정월 대보름을 기하여 하루 열리는 통영 전통연 날리기대회를 통하여 아름다운 세시풍습이 계승되고 있으니 그나마 다행이다.

12

가설극장

그때를 아십니까

어린 시절 우리 동네에는 영화나 공연을 볼 수 있는 곳이라고 해 보아야 면 소재지 마을에 위치한 공회당公會堂이 전부였다. 이는 면 전체를 통틀어 유일한 문화 공간이었다. 훗날 농협에서 구입하여 양곡 창고로 쓰다가 이제 그 건물마저도 헐리고 말았다. 이 공회당은 난방이나 냉방 장치가 있을 리 만무한 창고 같은 허름한 곳이지만 정치인들의 연설을 비롯해서 영화, 연극, 콩쿠르 등 종합예술을 관람할 수 있는 꿈의 무대였다.

이 공회당에 영화나 공연이 들어올 때마다 작은 형은 영화 선전을 하는 유명한 연사였다. 당시만 해도 구경조차 하기 힘든 헐어빠진 트럭에 스피커를 달고 비포장도로를 누비며 이 마을 저 마을을 돌며 구경꾼을 불러 모으는 역할을 하곤 했다. 작은 형은 어릴 때부터 입담이 좋아 신동에 가까웠다. 누구에게 웅변을 배웠는지는 알 수 없으나 나이를 더해 가면서 웅변 실력은 더욱 탄탄해졌다. "눈물 없이는 볼 수 없는 영화, 《홍도야 울지 마라》가 여러분을 찾아왔습니다. 오늘 이 기회를 놓치면 영원히 볼 수 없는 영화 《홍도야 울지 마라》 사랑에 속고 돈에 울고……" 형님의 유창한 선전 방송은 수많은 사람들의 심금을 울리기에 충분했다.

상영 시간이 가까워 오자 공회당에는 관람객들이 구름같이 모여들기 시작했고 나는 늘 형님 덕분으로 공짜 영화를 즐길 수 있었다.

오빠의 학비 마련을 위해 기생이 된 홍도(김지미)는 오빠의 친구와 사랑하게 되어 부모의 반대를 물리치고 결혼하지만 그가 유학을 떠난 뒤 홍도는 시집에서 쫓겨난다. 유학을 마치고 귀국한 그가 부호집 딸과 약혼식을 하는 장소에 달려간 홍도는 흥분하여 그 부호집 딸을 찌르고 살인 현장에 달려온 경찰관이 된 오빠(신영균)에 의해 쇠고랑이 채워지는 뭐 그런 영화로 기억한다.

그 형님마저 군에 입대하고 차츰 공회당은 공연을 하지 않는 날이 더

많아졌다. 한참 후에는 산양 삼거리의 빈 논에 가설극장이 들어오는 날이 많았다. 한 보름 공연을 한다고 온 동네가 시끄럽지만 우리는 그 공연을 볼 수 있는 한 푼의 돈도 없었다. 아무도 모르게 몇몇 친구들이 작당하여 한 사나흘씩 가설극장 현장 점검에 나선다. 경비가 허술한 곳은 어디이며 어느 쪽의 천막에 구멍이 났는지를 일일이 체크해 두었다가 호시탐탐 기회가 오면 월장을 하는 것이다. 공짜로 본 흑백영화와 신나는 서커스는 문화예술에 목마른 우리에게 한 줄기 시원한 청량제였다.

인근 충무시내에 그렇게 크고 좋은 극장이 있다는 것은 고등학교에 진학하고 나서야 알았다. 충무극장, 봉래극장을 수시로 드나들던 시내에 살던 친구들은 우리의 우상이었다. 통영여고 학생들과 합동으로 영화 《죠스》를 마지막으로 본 이후 충무극장은 화재로 불타고 한참 뒤에 충무비치호텔이 들어섰다.

충무극장과 쌍벽을 이루었던 '봉래좌蓬萊座'라는 이름의 다목적 공연장으로

1914년 문을 연 봉래극장은 영화 《유희왕》을 끝으로 우리 곁에서 영원히 사라졌다. 100년이란 긴 세월 동안 시민들에게 꿈과 즐거움을 선사했던 봉래극장은 통영시민들의 문화 자양분 공급처였다.

봉래극장은 1914년에 처음 설립됐다. 당시 통영에 있던 일본인 40여 명이 추렴한 5천 원으로 건물을 짓고 조합 형태로 운영되었다. 당시 봉래좌는 영화관이라기보다는 공연과 집회를 할 수 있는 다목적 공연장의 형태로 길이가 각각 8칸과 18칸이었으며 2층 시설이 딸린 380명 정원의 건물이었다. 영화 상영관으로 개축된 것은 1939년도였다. 한국영화자료연구원(원장 홍영철)이 발견한 자료에 의하면 당시만 하더라도 초현대식 건물로 건축된 봉래좌는 3만 원의 공사비로 1939년 3월에 공사를 시작해 8월 완공하여 경남도로부터 준공

허가를 받았다. 해방 이후에도 봉래극장은 통영 지역의 문화 중심지로서 최고의 장소였다. 지금도 전국 각지에서 활동하고 있는 통영 출신 문화예술인들의 가슴속에서 봉래극장의 추억을 지울 수 없는 이유가 여기에 있다.그러나 이러한 유구한 역사를 간직한 봉래극장이지만 세월의 무게를 견딜 수 없었다. TV가 본격적으로 보급되면서 문화의 중심지에서 점차 밀려나기 시작하더니 결국 2006년 8월경 문을 닫고 말았다. 이 외도 항남동에 포트극장이 있었지만 이마저도 문을 닫은 지 오래이다. 물론 시간을 뒤로 돌릴 수 없는 노릇이지만 낡고 오래된 건물이라 하여 없애는 것만이 능사가 아니라 통영시민의 애환을 고스란히 간직한 그런 건물 한 채 정도는 보존하는 아량이 우리에게는 왜 없는 것일까?

이제 우리는 시네마라 하여 대기업에서 경영하는 신식 영화관에서 편안하게 영화를 상영할 수 있는 좋은 시절을 맞았다. 1,000석의 최신식 시민문화회관도 부족하여 윤이상 음악당을 꿈꾸는 문화시민이 되었다.

질 좋은 화질과 빵빵한 음향에다 냉난방 장치가 완벽한 최신식 시네마와 문화회관 객석에 앉아 옛날 허름했던 가설극장을 추억하는 것은 무슨 연유일까?

13

전당포

법률 1호 전당포법 제정

우연히 길을 걷다가 발견한 전당포 하나에 옛 추억을 더듬어 본다. 30여 년 전 급할 때마다 찾곤 했던 전당포였는데 아직도 제자리를 지키고 있다. 궁핍했던 옛 시절이 생각나 홀로 쓴웃음을 짓는다.

전당포典當鋪는 전당국典當局이라고 하기도 하며 물건을 담보로 잡아 금전을 빌려주는 곳이다. 사채업의 일종으로 편의 금고이다. 도시의 서민들 사이에서 필요할 때 돈을 빌려 쓸 수 있는 유용한 수단이었다. 하지만 높은 이율 때문에 고리대금의 대명사로 불리기도 했다.

1898년(광무 2)에 법률 1호 전당포법을 제정하였고 1947년에는 네 곳의 공설 전당국이 설립되어 운영되었다. 1955년에는 연간 3만 명에게 1억 환을 대

출하였다고 한다. 1961년 생긴 전당포 영업법에 따라 경찰서장의 허가를 받아야 영업이 가능했다. 그러나 이 법률은 1999년 폐지되어 그 후에는 누구나 신고만 하면 전당업을 할 수 있게 되었다는 기록이 무척 재미있다.

20~30여 년 전 우리 지역만 해도 여러 개의 전당포가 성업했던 것으로 기억된다. 일찍부터 발달한 수산업 덕택으로 대체로 자본주의가 일찍 뿌리내렸던 곳이 통영이다. 즉 통영은 물산의 집산지로서 상업이 번성했던 곳으로 양반제도가 일찍 타파된 곳이기도 하다.

통영에 와서 양반 행세해 보았자 누가 알아주지도 않았다. 오죽했으면 타지의 양반들이 원문고개에서 두루마기와 갓을 벗어 나무에 걸어놓고 통영으로

들어왔다는 말이 전해질 정도였으니 말이다. 1920년대 경상남도 22개 부 · 군 중에서 인구가 가장 많았다는 기록이 이를 뒷받침해 준다.

물론 몇 개의 은행과 농협, 수협, 금고 등이 있긴 했었지만 급전이 필요했던 배 선원들이나 통영을 찾았다가 돈이 떨어진 사람들에게 손쉽게 현금을 구할 수 있는 곳이 전당포였음은 짐작되고도 남는다. 지금은 통영 시내에 서너 개의 전당포가 근근이 명맥을 유지하고 있지만 그 당시에는 곳곳에 전당포가 있었다. 그 시절 우리가 자주 들렀던 곳은 항남동에 있던 한일전당포였다.

어느 날 군에 입대했던 친구가 첫 휴가를 나왔다. 친구들과 어울려 젊은 혈기에 몇 차례 술집을 전전하다 보니 얕은 포켓은 금세 동이 나고 말았다. 마침 휴가 나온 친구에게 애인이 선물로 준 금반지가 있었다. 우리는 의기투합하여 그 금반지를 맡기고 약간의 돈을 빌려 술을 먹고 여인숙 신세까지 지고 말았다. 물론 다음 휴가 때까지 금반지를 찾아 주기로 약속했지만 하도 세월이 오래되어 그 금반지를 찾았는지조차 기억이 가물가물하다.

선천적으로 반지, 시계 등을 착용하지 않는 나의 버릇으로 내 몸에 전당잡힐 만한 물건이 없어 다행이었지 내 몸에 조그마한 것이라도 있었다면 성질 급한 내가 무언가를 맡겼을 것이라고 생각하니 지금도 웃음이 절로 난다.

농협, 수협, 저축은행, 새마을금고 등 금융업이 번성하고 차츰 세월이 바뀜에 따라 굳이 전당포를 찾지 않더라도 얼마든지 돈을 빌릴 수 있는 세상이 되었지만 뭔가 또 하나가 사라져 간다니 아쉬운 일이다.

금반지 대신에 1mm도 되지 않는 신용카드 한 장이면 얼마든지 밤새워 술을 마실 수 있지만 그때 그 술맛이 그리워지는 것은 어인 일일까.

14

칼 가는 할아버지

통영의 마지막 칼갈이 강갑중

苦熱과 자신의 탐욕에
여지없이 건조 風化한 넝마의 거리
모두가 허기 걸린 게사니같이 붐벼 나는 속을
--- 칼 가시오!
--- 칼 가시오!
한 사나이 있어 칼을 갈라 외치며 간다

그렇다
너희 정녕 칼들을 갈라

시퍼렇게 칼을 갈아들고들 나서라

그러나 여기

善이 詐欺하는 거리에선

윤리가 폭행하는 거리에선

칼은 깍두기를 써는 것밖에는 몰라

칼은 발톱을 깎는 것밖에는 감쪽같이 몰라

環刀도 비수도

식칼처럼 값없이 버려져 녹슬거니

그 환도를 찾아 갈라

비수를 찾아 갈라

식칼마저 모조리 시퍼렇게 내다 갈라

(… 중략 …)

— 유치환의 〈칼을 갈라〉 전문

통영 문화마당에는 언제부턴가 노인 한 분이 파라솔을 펴고 손때 묻은 수틀 하나 달랑 놓고 톱과 칼을 간다. 톱날을 가는 모습이 하도 진지하여 하루는 할아버지 앞에 앉았다. 얼굴을 보아 칠순이 훨씬 넘은 것 같아 보이지만 구릿빛 얼굴에 잔잔한 미소가 흐른다. 장인정신이 몸에 배었다. 요즘 누가 톱과 칼을 갈아 쓰는 사람이 있는가 싶었는데 그래도 단골이 한두 명이 아니라니 천만다행이다.

전원생활을 하다보면 톱은 필수품이다. 그런데 철물점에서 사다 쓰는 접이

용 톱은 몇 번만 쓰고 나면 톱날이 무디어지거나 녹슬어 쓸 수가 없다. 얄팍한 상술에 늘 마음 상하지만 별 도리 없이 울며 겨자 먹기로 다시 살 수밖에 없다.

톱이 무디어지면 갈아 주는 것을 조건으로 나는 아주 쓰기 편리한 톱 한 자루를 이만 원에 샀다. 값을 치르고 "할아버지, 요즘 누가 톱과 칼을 갈아 쓰는 사람이 있습니까?"라고 물었다. "40년간 톱을 만들고 칼을 갈았제. 이제 아이들 다 키워놓고 뭘 하겠어. 정년퇴직이 없어 좋고 여기 나오면 많은 사람을 만날 수 있어 좋아. 밤에는 톱을 만들기 위해 본을 뜨고 낮이면 이곳에 나와 톱날을 만들고 갈고 닦아서 이렇게 사이즈별로 톱을 완성하제"라며 거침없이 이야기를 이어 나가는 영감님의 얼굴이 너무도 진지하다.

오늘은 할아버지께서 칼을 간다. 시퍼렇게 날을 세워 이리저리 돌려 보는가 하면 몇 번이고 뒤집어 칼을 간다. 저 칼로 맛있는 요리를 할 주부는 참 행복할 것이다. 쇠를 다루는데 한정 없이 무딘 나는 아내에게 칼 한 번 갈아주지 못했는데 이번 기회에 집안의 칼을 몽땅 챙겨 이 영감님께 갖다 드려야겠다.

통영의 영욕을 몸으로 부대끼며 한평생 외길을 걸어온 장한 할아버지. 구도자의 모습이 저러하리라. 자기 직업에 저렇게 만족하며 40여 년간 장인정신으로 살아가는 사람들이 몇 분이나 될까? 하루 일과를 마치고 나면 영감님은 주변을 깨끗이 청소하기도 하고 관광객에게 통영을 홍보하기도 한다.

몇 번 안면이 있는 터라 오늘은 "어디 사는 누구냐"고 묻기에 시청에 근무하는 아무개라고 했더니 호주머니에서 꼬깃꼬깃 접은 메모지를 내놓는다. 평소 일하면서 지은 노래가사라며 작곡을 해 달란다. 연세에 비해 그래도 나름대로 통영을 잘 표현한 것 같다. 작곡을 하는 분에게 맡겨보겠다며 메모지를 받아들었다. 뭐 히트곡까지 될 리 없겠지만 통영에서는 벅수도 시 한 수 정도는 암송한다는 말이 실감나는 기분 좋은 날이다. 그야말로 문화마당의 살아 있는 신화다. 절로 존경스럽다.

세병관과 이순신광장을 잇는 통제영거리가 완공되면 통영의 예맥을 이어가고 있는 나전장, 소목장, 두석장, 갓일, 염장, 전통연, 전통 누비 등 인간문화재는 물론이거니와 중앙시장 앞의 50년 경력 충무공작소 이평갑 대장장이, 대나무통발을 만드는 일에 50년 외길 인생을 바친 김동진 장인, 문화마당 지킴이 강갑중 톱쟁이 할아버지가 활동할 수 있는 작업장 한 칸 마련해 주는 것도 전통 문화를 살리고 보존하는 지름길이리라.

15

동네 이발소

since 1960 산양이용원

산양읍에서 유일하게 명맥을 유지하고 있는 이용원이 하나 있다. 이 이용원은 원래 산양중학교 앞에 있었는데 1980년대 죽전 당산나무 위로 옮겼다가 다시 산양삼거리로 옮겨 왔다.

지금은 비록 헤어진 간판에 공치는 날이 더 많지만 1960년대에 문을 열었으니 50여 년의 역사를 가진 흔치 않은 공간이다. 흔히 since 1960이다. 물론 장소야 한두 번 바뀌기는 했지만 상호는 한 번도 바뀐 적이 없다.

이삼십 년 전만 해도 산양에는 대여섯 개의 이용원이 있었다. 그중에서도 면소재지에 있었던 큰형이 경영하던 산양이용원이 가장 성업했다. 당시만 해도 교통이 발달하지 않았고 또 지금처럼 남성이 이용하는 미용실이 없었던 탓

이다. 산양초 · 중학생들은 모두 산양이용원의 고객이었다. 70, 80년대 형님 손에 이발을 하지 않은 사람이 거의 없었으니 격세지감이다.

일흔이 다 된 큰형은 얼마 전까지만 해도 가위를 놓고 싶지 않다며 간간이 찾아오는 손님을 맞았다. 큰돈이 되어서라기보다 천직으로 알고 한 번도 직업을 바꾸지 않았던 그 세월과 분신처럼 여겨왔던 가위를 놓기 싫어서일 것이다. 최근 큰형은 갑자기 건강이 좋지 않아 이 일을 접었다. 한평생 몸담았던 직장에서 손을 뗐으니 그 마음 오죽했겠는가. 주인 잃은 가위, 면도기, 드라이기를 비롯하여 각종 이발 기구는 아직도 그 자리에 놓여 있다.

면내에서 일어나는 사건사고를 비롯하여 온갖 정보를 실시간으로 들을 수 있었고 웬만한 선거의 결과까지도 정확히 맞추어내던 그 이발소에는 이제 옛 추억을 잊지 못하는 몇몇이 모여 무료한 시간을 보내는 별 볼일 없는 장소로 변하고 말았다.

큰형은 8남매의 장남으로 태어나 겨우 초등학교를 마쳤다. 얼마나 공부가 하고 싶었으면 당시 통영동중학교 입학시험에 합격하여 설레는 마음으로 몇십 리 길을 걸어 학교에 갔지만 끝내 입학금을 내지 못해 1주일 만에 학교에서 쫓겨나고 말았다.

물론 당시만 해도 시골의 많은 사람들이 초등학교만 졸업한 채 밥벌이를 위해 직업전선으로 뛰어들던 때였다. 그 길로 형은 이발 기술을 배우게 되었다. 이용사 및 미용사법 시행규칙 제7조의 규정에 의거 김현옥 부산시장으로부터 이용사 면허증을 받은 때가 1963년 5월 29일이었으니 형님의 나이 만 20세, 내 나이 네 살이었다. 이발병으로 군대를 제대한 이후 형은 남의 터를 전세 얻어 이발소 하나를 지었는데 문도 열어보지 못하고 경쟁사의 고자질로 무허가라며 건물이 뜯길 지경까지 가고 말았다. 우여곡절 끝에 문제를 해결하긴 했지만 그때 서러움에 북받쳐 낙심하는 형의 모습을 지금도 잊을 수 없다.

이후 형님께서는 열심히 노력하여 다섯이나 되는 아이들을 다 양육시켰고 동생까지 공부시켰다. 오로지 한 우물만 판 진정한 장인이었다. 이제 산양읍

을 통틀어 겨우 하나 남은 간판마저 떨어져 을씨년스러운 산양이용원을 보고 있을라치면 왠지 모를 그리움과 추억이 가슴을 때린다. 주인 잃은 이발소 거울 위의 빛바랜 면허증과 이발 요금표는 세월의 무상함만 더해 준다.

그러던 어느 날 형님을 대신하여 내 손으로 폐업신고를 한 이후 한동안 허전한 마음을 가눌 수 없었다. 내 마음이 이럴진대 큰형의 마음은 오죽했을까.

돌이켜 보면 얼마나 모진 세월이었을까. 서너 평 남짓한 이 공간은 형님에게만큼은 인생의 전부였다. 세월에 장사 없듯 아쉽지만 이제 조용히 가위를 내려놓고 편히 쉬었으면 좋겠다. 어린 시절 수십 년 동안 형님의 부드러운 손에 머리를 맡기고 나면 얼마나 마음이 편했던가. 이제 언제 한 번 장인의 손에 헤어스타일을 맡길 수 있을지 세월만 무상하다.

16

고무신

선거철의 단골 메뉴

'눈보라 비껴나는/ 全전-群군-街가-道도/ 퍼뜩 차창으로/ 스쳐가는 인정人情아/ 외딴집 섬돌에 놓인/ 하나 둘 세 켤레'. 1968년 시조시인 장순하가 발표한 〈고무신〉 전문이다.

그림을 보지 않고도 시골집 섬돌에 가지런히 놓인 아버지, 어머니, 아들의 정겨운 고무신을 연상할 수 있는 시임에 틀림없다.

엊그제 때 아닌 고무신 논쟁이 있어 실소를 금할 수 없다. 국가인권위원회가 법정에 출석하는 미결수에게 운동화 착용을 금지하고 고무신을 신게 한 것은 인권침해라는 해석을 내렸다. 미결수에게도 '신발 선택권'을 보장해야 한다는 게 인권위의 주문이다. 교도소 측은 '운동화 착용이 허용되면 미결수에

게 도주 의지를 불러일으킬 수 있고 도주했을 때 체포하기 어렵다' 고 주장하지만 설득력이 없어 보인다. 인권위원회 측이건 교도소 측이건 그들이 언제 한 번 고무신을 신어보기라도 한 사람들인지 궁금하다.

어쨌든 고무신은 획기적인 생활용품이었다. 땀 흡수에 약하지만 가볍고 질긴데다 방수가 뛰어나 당시로선 가장 편한 신발이었다. 1960년대 서민의 발로 무한한 사랑을 받았지만 지금은 좀처럼 구경하기 힘든 추억의 물건이 되고 말았다. 해마다 선거철만 되면 불법 선거운동의 전유물이 되어버린 것 또한 고무신이었다. 고무신 한 켤레, 막걸리 한 사발의 유혹에 못 이겨 표를 주었던 그 시절이 그래도 좋았다.

고무신에 얽힌 추억을 어떻게 잊을 수 있을까. 초등학교 시절 유난히 운동을 좋아했던 나는 운동화 한 번 신어보는 것이 소원이었다. 공을 찰 때면 늘 지푸라기로 고무신을 동여매지 않으면 안 되었다.

진짜 타이어 표 검은 고무신보다 뒤에 나온 것이 흰 고무신이다. 명절이라도 될라치면 고무신이 빨리 해어져야 새 신을 얻어 신을 수 있었다. 오죽했으면 떨어지지도 않은 흰 고무신을 시멘트 바닥에 비벼 낡은 것처럼 만들어 새 신을 사달라고 졸랐을까.

청년이 다 되었어도 나는 즐겨 흰 고무신을 신었다. 지금의 아내와 맞선을 볼 때도 나는 고무신을 신고 다방에 나갔다. 지금도 여름이면 고무신이 최고다. 신기 편하고 씻기 편하고 말리기 편하여 이만한 신발도 없다.

등산을 마치고 돌아오는 길에 만난 미래사, 안정사, 용화사 등 사찰의 댓돌 위에 가지런히 놓인 스님의 고무신은 우리의 마음을 몇십 년 전으로 되돌려 놓는다.

이제 그 누구도 거들떠보지 않는 추억 속의 물건이 되고 말았지만 나는 그때 그 고무신을 신고 청춘을 불태웠던 음악다방을 무시로 드나들고 싶다.

17

공중전화

먼지만 뒤집어쓰고 있는 소리통

빨간 우체통처럼 보기 힘들게 된 것이 또 하나 있다. 다중 집합 장소이면 어디든지 설치되어 있던 공중전화에 대한 추억은 아련하기만 하다. 마을을 통틀어 가정용 개인 전화는 살림살이가 넉넉한 부잣집이나 아니면 이장 집 정도에 한두 대 있었다. 물론 검은색 다이얼 전화로 이장이 방송을 하거나 이웃에서 귀띔을 해 주어야 받을 수 있는 전화였다.

흑백 TV와 함께 전화가 있다는 것은 부의 상징이었다. 학창 시절 가정형편 조사서의 전화, 텔레비전이 있느냐는 물음에는 늘 없음이었다. 하기야 고등학교 시절에도 전기요금을 아껴야 한다며 밤 10시만 되면 두꺼비집을 내려야만 했던 우리 형편에 전화나 TV는 그림의 떡일 뿐이었다.

우리가 인식하고 있는 공중전화는 1962년에 설치된 '벽괘형 공중전화' 라고 한다. 빨간 네모 상자 모양의 본체 앞에 동그란 다이얼식 번호판이 붙어 있는 형식의 이 전화기가 우리나라 최초의 공중전화였다. 공중전화라고 하면 빨간색을 떠올리는 것도 최초 공중전화 색이 빨간색이기 때문이다.

물론 이 공중전화는 서울을 기준으로 공중전화가 설치된 시기를 이야기할 뿐 우리 같은 시골 사람들은 1970년대 후반이나 1980년대 초쯤이나 공중전화를 처음 본 것으로 기억할 뿐이다. 이후 공중전화기는 시외자동공중전화, 시내 · 외 자동공중전화(일명 DDD), MS카드식공중전화, 주화 · 카드 겸용전화기까지 진화를 거듭해왔다.

물론 웬만한 일은 모두 편지나 전보로 소식을 전하던 시절, 전화가 나온 것은 전깃불이 들어온 것 이상으로 우리에게는 혁명적인 일이었다. 이 혁명 뒤의 편리함에 젖어 차츰 편지가 사라진 것은 정말 슬픈 일이다.

목 좋은 공중전화 박스에는 많은 사람들이 줄을 서서 기다렸고 또 쓰잘데없는 긴 전화 때문에 뒤에서 기다리고 있던 사람 간에 시비가 붙어 심심찮게 화제가 되었던 것을 생각하면 지금도 실소를 금할 수 없다.

그 많던 공중전화 박스는 삐삐에 이어 핸드폰, 스마트폰이라는 신출귀몰한 전화기가 나오면서 그 사명을 다하고 이제는 천연기념물이 되고 말았다. 온 시내를 통틀어 몇 개의 공중전화 박스가 있긴 하지만 이곳에서 전화를 거는

사람은 거의 없다.

이제 스마트폰 하나만 있으면 송금도 하고 인터넷으로 물건을 구입하는 일에서부터 온갖 정보를 수집 · 활용하는 등 안 되는 일이 하나도 없는 세상이다. 문자메시지, 페이스북 등 SNS가 정보를 지배하는 현대사회가 빠르고 편리할지 모른다. 그래도 그 옛날 공중전화 박스 앞에서 줄을 서서 기다리고 우체부 아저씨의 편지를 목 빼고 기다리던 그 느림의 미학은 다시 없을 것이라 생각하니 왠지 마음이 서글퍼진다.

18

금줄

우리 민족의 영원한 문화표상

어릴 때부터 우리는 여러 곳에서 금줄을 보며 자랐다. 금줄에 얽힌 큰 뜻은 알 수 없어도 출입을 금한다는 것쯤은 짐작으로 알 수 있었다. 아기를 낳은 집의 대문이나 마을 당산나무 등에는 수시로 금줄이 쳐졌다. 물론 사립문 앞의 금줄에는 어김없이 청솔가지와 검정 숯이 끼워져 있었고 때때로 붉은 고추가 등장하는 것도 목격했다.

사립문 앞에 금줄이 쳐지고 작대기가 빗장으로 놓이면 아이를 낳았다는 신호이다. 그 누구도 세이레가 지나가기 전에는 출입을 할 수 없었다. 붉은 고추가 등장하면 아들을 낳았다는 신호로 누가 말하지 않아도 이 규율은 자연스레 지켜졌다.

이 금줄로 사용하던 줄은 볏짚으로 꼰 새끼였지만 이게 왼새끼였다는 것은 훨씬 뒤에야 알았다. 금줄은 부정한 것이 들어오는 것을 엄금하는 줄이다. 다시 말하면 내부 공간을 보호하기 위해 외부와 내부를 차단하는 줄이다. 금줄은 질병과 고통과 재난으로부터 인간의 삶과 생활공간인 마을과 집과 개인을

지켜내려는 생명줄이었다.

정상적인 새끼는 모두 오른새끼인데 금줄은 왜 왼새끼였을까. 인간의 공간에는 정상적인 오른쪽 새끼가 필요하지만 신들의 공간에는 비정상적인 왼새끼가 필요했던 것이다. 잡신이 그곳을 범하려다 일상적이지 않은 왼새끼의 도발적 시위에 놀라 두려움을 느낀다. 그래서 제의 공간은 그 순결성을 지키게 된다고 본 것이다. 부정을 막아주는 금기와 신성성, 양쪽이 다 그 왼새끼 속에 숨어 있는 의미인 것이다.

조상들은 아이를 낳았을 때뿐만 아니라 마을 입구 당산나무나 석장승, 돌무더기에도 금줄을 둘렀다. 정월 초 온 마을 주민들이 참여하는 지신밟기 후에 마을을 수호해 주는 중심이라고 여긴 당산나무로 가서 풍물을 치고 금줄을 둘러 소원을 빌기도 하였다. 우리의 금줄 문화는 지역 경계와 신성 구역 선포라는 두 가지 기능을 다하였다. 원래 금줄은 성역 표시물이었다. 이제 산업사회의 발달로 금줄을 본다는 것은 거의 불가능한 일이 되고 말았다. 그

러나 우리는 금줄 문화의 정신마저 버릴 수는 없다. 이와 같이 우리의 금줄은 자연과 우주의 이치를 거스르지 않고 대처한 우리 민족의 영원한 문화표상이다.

곳곳에서, 시시때때로 일어나는 시위 현장에서도 폴리스 라인으로 금줄을 사용하는 넉넉함을 베풀 수는 없을까. 사업장의 위험표시나 출입금지 표시도 이 왼새끼를 사용할 수 없을까. 농민들은 새끼를 꼬아 소득을 올리고 시위를 하는 군중들도 절대 이 금줄을 넘어서는 안 된다는 무언의 약속이 지켜진다면 이 삭막한 세상에서 얼마나 아름다운 모습이 연출될까?

사라져 가는 금줄 문화와 당산제의 풍습을 되살리기 위해 내가 직접 기획했던 걸망개 당산축제는 온 마을 주민들이 경로당에 모여 왼새끼를 꼬는 일로부터 출발하였다. 축제 준비 단계에서부터 부정을 없애고 행사의 성공적 개최를 위한 주술적 의미를 부여한 것이다. 이 행사를 준비하면서 문득 깨달은 나의 시 〈걸망개 당산나무〉를 이 신목에 바친다.

사백이십 년 전 참혹했던/ 칠년 전쟁 일어나기 전부터/ 이곳에 터 잡고 거적 엮어/ 삼천진에 내다 팔며/ 입에 풀칠하기도 힘겨웠던/ 그 썩을 놈의 세상//
와중에 깨어 있는 선각자 있어/ 바랑처럼 둥근 걸망포구에/ 손가락 같은 어린 나무 심었더니/ 제 스스로 몸매 다듬어/ 수백 년 한결같이/ 희로애락 민초들과 영욕 같이하였나니//
엄동설한 벌거벗은 나목으로/ 새봄 오는 소리 맨 먼저 일러 주었고/ 사방천지 연둣빛으로 물들어 오면/ 녹색 물감 풀어 천연 쉼터 만들고/ 신봉 들판 누렇게 물들면/ 나이테 하나 또 늘어간다//
사라호, 셀마, 매미 온 세상 다 집어삼켜도/ 걸망개 숲 비켜 간 자연의 섭리 앞에/ 두려운 마음으로 고개 숙여왔다/ 임진왜란, 한일합병, 육이오, 사일구, 오일육/ 모질고 독한 세월 속에서도/시시때때로 금줄 두르고/이야기를 만들어 낸 넉넉한 그의 품//
이제 하나 둘 고향 떠나고/ 먹고살 만하다 의기양양하며 미풍양속 다 팽개쳐도/ 사백 년을 하루같이 마을을 지키는 목신이여!/ 그 지독한 이산화탄소 다 들이마시고도/ 끄떡없이 신선한 공기를 선사하는 신목이여!//
생사고락 함께했던/ 민초들 다 가고 없어도/ 영원히 이 땅 이 포구 지키며/ 수백 년 침묵으로 여기 서 있으리

19

신목

친환경 녹색도시는 저절로 되지 않아

유년 시절 나는 늘 향리 어귀에 위풍당당하게 서서 마을의 안녕과 풍농을 주관하는 아름드리 당산나무를 보며 자랐다. 50여 년이 지난 지금도 이 나무는 조금도 변함없이 그 자리에 서 있다.

우리는 사시사철 비가 오나 눈이 오나 마을 어귀에 있는 이 당산나무를 거쳐 학교를 오갔다. 우리의 유일한 놀이터요 도서관이었다. 누가 말하지 않아도 제 스스로 몸매를 가꾸고 품격을 지키며 꿋꿋하게 서 있는 저 나무를 보며 자란 덕택으로 지금의 내가 있다고 생각하면 지나친 표현일까.

설날을 전후하여 금줄을 두른 나무 앞에 놓인 명태와 떡과 과일은 늘 우리들 차지였다. 몇몇 아이들은 귀신 앞에 놓았던 음식이라 하여 먹기를 꺼렸지

만 나는 이를 가리지 않았다.

어릴 적에는 몰랐지만 이 나무는 수많은 이야기를 간직하고 있는 마을 수호신이었다. 공무원이 된 이후 맨 먼저 신고를 한 곳도 이 당산 신목이었다. 힘들고 괴로울 때면 언제나 이곳에 와서 길을 물었다. 더우면 덥다고 옷을 벗어던지고 추우면 춥다고 더 많은 옷을 껴입는 우리 인간과는 대조적으로 더우면 더울수록 잎을 왕성하게 달아 인간들에게 그늘을 제공하고 추우면 추울수록 실오라기 하나 걸치지 않는 나목으로 추위를 견뎌내는 저 나무들에게 삶의 지혜를 배우고 싶었다.

해안을 끼고 있는 통영 지방에는 이러한 신목들이 유난히 많다. 도저히 종잡을 수 없이 변덕을 부리는 바다를 삶의 터전으로 살아가는 사람들에게 비바람을 잠재우는 신이 목신이라는 믿음은 가히 절대적이었을 것이다.

대부분의 마을에서는 매년 음력 섣달 그믐날과 정월 초하루, 이틀에 걸쳐 큰 제사를 올린다. 마을에서 제주로 선정된 소임은 몸과 마음을 정갈히 하여

그믐날 밤 마을 산제터에서 밤샘 제사를 지낸다. 다음 날(정월 초하루) 새벽에는 마을 주민들이 당산나무에 정성껏 밥상을 올리고 용왕을 먹이며 마을의 안녕과 풍농 · 풍어를 비는 제의를 올린다. 당산제가 끝나면 주민들은 음식을 함께 나누며 화합을 다졌다.

마을 당산나무는 통신이 발달하지 않던 시절 마을 공동우물과 함께 마을의 따끈따끈한 소식을 들을 수 있고 마을의 대소사를 논하던 소통의 장이었다. 1970년대 새마을운동이 한창 불어닥치던 시절 이를 미신이라 하여 금기시하더니 이제 몇몇 마을 이외에는 이런 옛 모습이 사라진 지 오래다.

그런 옛 모습이 사라진 것은 시대의 변천에 따라 어쩔 수 없는 일이라고 자위할 수는 있지만 주민들의 무관심 속에 그 마을의 품격을 드높여 주던 신목과 아름다운 숲들이 쇠퇴해져 가고 있다는 것은 정말 안타까운 일이다.

무언가 이야기가 있을 것만 같은 저 나무들에 대해 꼭 기록으로 남겨두어야겠다는 생각으로 1년 전부터 이곳저곳 이름 있는 나무를 찾아 나섰을 때, 풍농과 풍어를 기약하고 마을의 안녕을 지켜주며 우리에게 아무 조건 없이 온갖 혜택을 주던 신목들이 주민들의 무관심 속에 시나브로 죽어가는 것을 발견하고 얼마나 안타까웠는지 모른다.

우리의 조상들이 그랬듯 우리도 저 당산나무와 아름다운 숲을 잘 보존 · 관리하고 마을마다 동네마다 나무를 심어 가꾸어야만 우리의 후손들도 우리와 똑같은 혜택을 누릴 수 있다는 것을 몸으로 말하고 싶었다.

친환경 녹색도시 탄소 제로 도시가 저절로 되는 것이 아니라 수백 년 동안 우리 마을을 지키는 저 신목을 잘 보살피고 수명을 다한 나무를 대신해서 새

로운 나무를 심는 데서부터 비롯된다는 것을 말하고 싶었다.

김순철의 이야기가 있는 풍경 《통영의 신목》은 나를 나 되게 이끌어주고 나에게 삶의 지혜와 용기를 준 내 고향 죽전마을 당산나무에 바치는 나의 마지막 제물이다.

20

대통발

한평생 대통발 제작에 몰두한 마지막 장인 김동진

도대체 이는 기술이 아니라 예술이다. 도공이 빚어낸 도자기나 조각가가 오랜 작업 끝에 창작한 작품, 또 화가가 그려낸 그림과 무엇이 다르단 말인가.

통영대교 아래 당동을 지나면 해양과학대학 가는 길목에 허름한 천막 하나 의지하여 50여 년간 오로지 대통발을 만드는 사람이 있었다. 설계도서나 밑그림 한 장 없이도 한 치의 어긋남 없이 통발을 만들어내는 김동진 씨는 그 누구도 넘나 볼 수 없는 경지에 오른 예술가에 다름 아니었다.

통발을 처음 배운 것은 지금부터 약 60여 년 전인 열다섯 살 때다. 양복점 일을 배우던 그는 가게 옆에서 대나무일 하는 것을 보다가 양복점보다는 보수가 낫다는 말에 이 일을 배우게 되었다. 한 3년간 무보수로 일을 배우면서 대

나무 가시에 손이 찔려 성한 날이 없었지만 바다에 띄운 통발을 보며 '내가 만든 것' 이라는 뿌듯함으로 50여 년 세월의 씨줄과 대라는 날줄을 쉼 없이 엮어 왔던 것이다. 처음에는 장좌섬에서 작업을 하다가 이곳 인평동에 보금자리를 튼 것도 몇십 년이 지났다.

지금이야 웬만한 것들은 모두 플라스틱이 대신하지만 20~30여 년 전 장어잡이가 한창 성업일 때는 수출이나 판매를 하기위해 장어를 잡아 가두어 두는 홍오리는 물론 통발까지도 모두 대로 만들었다. 얼마 전까지만 해도 인평동 앞 바다의 장어 현장에는 대로 만든 속칭 홍오리를 그대로 썼다.

"플라스틱 통발을 쓰면 온도가 올라가니까 장어가 오래 살지 못한다. 대는

사람이 먹는 음식이라 당분이 있다. 대에 물 묻혀 놓으면 파리가 끓는 것도 이 당분 때문이다. 통발 바닥은 대나무 껍질이 위로 오게 짜는데, 장어가 이것을 먹으면 싱싱하고 오래 산다" 장인의 대통발 예찬론이다.

혹시나 싶어 그를 만나기 위해 작업 현장을 찾은 2013년 1월 12일 작업장은 흔적도 없이 사라졌다. 혹시나 바다에 떠 있는 대통발을 볼 수 있을까 눈 닦고 보았지만 바다에는 벌써 어선 대체 부두 공사가 한창일 뿐 대통발은 모두 철거되고 없었다. 마침 통영대교 교각 아래 두개의 빈 대통발이 바다를 원망하며 우두커니 앉아 있을 뿐이다. 몇 컷의 사진을 찍고 가게 할머니에게 사연을 물으니 장어 현장 주인이 헌 대통발은 모두 불태우고 그나마 조금 성한 대통발 두개는 필요한 사람에 주려고 골라두었단다.

겨우 김동진 장인의 연락처를 수소문하여 전화 통화를 할 수 있었다. 최근 급격히 주문이 줄어들었을 뿐 아니라 더더욱 어선 대체항 조성 사업으로 인평동 지선 장어 현장이 없어짐으로써 대통발을 쓰는 사람이 없어 작업장을 도산면 본인의 텃밭으로 옮겼으나 지금은 아예 주문량이 없어 주야장천 놀고먹는단다. 이 대통발은 다른 물건과 달리 철저히 주문생산으로 이루어진다. 무작정 만들어 놓고 팔 수 없는 물건이기에 더욱 그렇다. 올봄 다행히 전라도 쪽에서 주문이 들어오면 다시 작업을 시작할까, 그렇지 않으면 영원히 손을 놓아야 할지 모르겠단다.

이제 이런 천연 용기를 쓰려고 하는 사람도 없거니와 이 일을 배울 이도 없으니 장인의 맥이 끊어지는 것은 시간문제이다. 한평생 한 우물을 팠던 장인이 가고 나면 이 아름다운 예술품을 더 이상 어디에서 볼 수 있을까. 이제 대통발에서 건져 올린 싱싱한 장어구이나 장어탕 맛을 볼 수 없다니 더더욱 안타까운 일이다.

추억 속의 풍경

사라져가는 것은 다 아름답다

chpator 3

하던 지랄도 덕석 펴면 안 한다

21

콩나물시루

무공해 반찬 공급하는 요술 방망이

지금이야 전기나 기름으로 보일러를 돌림으로써 난방에 대혁명을 가져왔지만 어린 시절 우리 동네에는 단 한 집도 빠짐없이 땔감으로 밥도 짓고 소죽도 끓였다. 아침저녁으로 아랫목은 늘 온기가 있었다. 그 구들방의 아랫목에는 아버지의 밥그릇 아니면 콩나물시루 차지였다.

콩나물시루는 깊은 옹기 바닥에 몇 개의 구멍을 뚫고 구멍 위에는 짚을 깔아 물만 빠져 나가도록 만든 콩나물 제조기이다. 이 옹기보다 넓고 밀폐된 그릇 위에 지게 가지 비슷한 나무를 걸치고 콩나물시루를 올리고 아침저녁으로 물을 주면 물 크듯 콩나물이 자라는 것이다.

어머니는 겨울이 오면 한 번도 거르지 않고 콩나물시루에서 콩나물을 길렀다. 맑은 물에 온도만 적당하다면 콩나물은 정말 잘 자라주었다. 특별히 먹을거리가 변변찮았던 그 시절 어머니께서 손수 키운 콩나물은 우리에게 없어서는 안 될 최고의 무공해 반찬거리였다.

먹을거리가 변변찮을 뿐만 아니라 지독히도 가난했던 시절 어머니는 콩나물 하나로 눈 깜짝할 사이에 콩나물 무침, 콩나물 국 등 서너 가지의 반찬을 뚝딱 만들어 우리 8남매를 먹여 키웠다.

지금 생각해 보면 그 긴 겨울을 나면서도 감기 한 번 하지 않고 자란 것은 순전히 이 콩나물시루 덕분이었다. 가습기가 있을 리 만무했던 그 시절 콩나물시루는 천연 가습기 역할에 무공해 반찬까지 공급하는 요술 방망이임에 틀림없었다. 우리 선조들의 대단한 생활 지혜에 감탄하지 않고 배길 방법이 없다.

흔히들 성인 교육을 콩나물시루에 비유한다. 콩나물시루에 물을 주면 물이 다 빠져나가고 없는 것처럼 보이지만 어느덧 콩나물이 크듯 계속해서 교육을 받다보면 하나라도 배울 것이 있다는 이야기일 것이다.

얼마 전 인체에 치명적인 성분이 들어 있는 가습기 살균제로 인해 인명 피해가 있었다는 언론보도가 나가자 가습기를 쓰던 수많은 젊은 어머니들이 당혹해 한 적이 있다. 온 세상 천지에 짝퉁이 판치고 있고 어느 것 하나 마음 놓고 먹을 수 있는 것이 없는 요즘이다.

고리타분한 옛날 사람이라고 따돌리지 말고 이제 다시 우리의 어머니에게

로 돌아가 삶의 지혜를 배우자. 세균이 득실거리는 가습기를 모두 다 치우고 우리의 사랑하는 아이들 방마다 투박하지만 우리 민족의 정서가 흠뻑 담긴 옹기그릇으로 만든 콩나물시루를 하나씩 선물하자.

스스로 콩나물시루에 물을 주게 하고 콩나물이 커 가는 모습을 관찰하게 함으로써 생명의 존엄을 깨닫게 하자. 경로당마다 콩나물시루를 공급하여 어르신들로 하여금 무공해 콩나물을 길러 먹게 하자. 건강도 챙기고 경로당 운영비도 절감하고 소일거리도 만들어 줄 수 있는 일석삼조의 효과가 있을 것이라 혼자 생각해 본다. 오늘따라 어머니가 손수 길러 시원하게 끓여 주었던 그 콩나물국 한 그릇이 더없이 그리워진다.

22

멍 석

하던 지랄도 덕석 펴면 안 한다

통영시청 강당 앞 벽에는 멍석(우리 지역에서는 덕석이라고 함) 여덟 개가 나란히 쟁여져 있다. 누가 짠 멍석인지 참 곱고 아름답다. 시골집 흙담에 쟁여져 있거나 곡식을 늘어야 할 때 써야 할 멍석이 왜 시청 강당 앞 벽에 걸려 있는지 의아할 것이다.

자세히 보니 이는 화가 안인권이 그린 그림이다. 상세내용을 기록해 놓지 않아 화가의 이력은 물론 언제 그린 그림이며 크기가 어느 정도 되는 그림인지 알 수 없지만 멍석이 실제 크기로 느껴질 정도의 대작이다.

멍석의 숫자나 처마의 구조를 보아 어느 시골의 부잣집 처마에 쟁여 둔 멍석임에 틀림없어 보인다. 참 오랜만에 보는 넉넉한 시골 풍경이라 마음까지

유토피아

다 후련하다. 나와는 일면식도 없는 화가이지만 역시 시골에서 태어나 살면서 시골 풍경을 눈여겨보아 온 눈썰미 있는 화가로 생각되어 더욱 친근감이 가는 그림이다.

멍석은 짚으로 새끼 날을 만들어 네모지게 결어 만든 큰 깔개로 곡식을 널어 말리는 주 용도로 썼다. 그러나 시골에서는 큰일이 있을 때 마당에 깔아 놓고 손님을 모시기도 했고 농한기에는 윷방석으로도 활용했다. 요즘이야 멍석 대신 훨씬 가볍고 큰 돗자리로 인해 멍석은 제 수명을 다하고 차츰 사라져가고 있다.

저 멀리 함양이나 산청의 산골 동네에서는 아직도 멍석을 만드는 노인들이 있다는 소문이지만 이들마저 다 돌아가고 나면 아름답고 요긴했던 멍석은 시골의 흙담집이 아니라 콘크리트로 잘 지어진 박물관에 가야만 볼 수 있는 날이 머지않았다.

우리 지역에서 멍석을 잘 만들던 곳은 야솟골 마을이었다. 물론 전통적인 농사 곳이기도 했지만 손재주가 많았던 영감들이 많이 살았던 곳이었다. 요즘

은 윷놀이용으로 외지에서 구입해 온 한두 개의 멍석 외는 단 한 개도 구경할 수 없게 되었다. 정말 안타까운 일이다.

얼마 전 산양읍지 편찬을 위한 자료 조사 차 오곡도에 들렀다가 근래 보기 드문 진풍경 하나를 발견하고 얼마나 기뻤는지 모른다. 물론 약간의 수리를 거쳤지만 큰 채와 사랑채로 구성된 농어촌 마을의 전형적인 주택 형태를 갖춘 집 한 채를 발견했다. 마침 그 집은 오곡도 이장 자택이었다. 대문의 역할을 함께하는 사랑채의 흙벽에는 멍석 2개와 소쿠리, 키를 비롯하여 온갖 생활 용기들이 세월을 거꾸로 돌려놓고 있었다. 정말 지울 수 없는 아름답고 평화스러운 풍경이다. 어느 디자이너가 저토록 아름다운 광경을 만들어낼 수 있을까. 오랜만에 만끽하는 정겨웠던 그 모습만 생각하면 지금도 마음 설렌다.

우리 지역에는 '하던 지랄도 덕석 펴면 안 한다' 는 속담이 있는가 하면 옛날 마을에서 몹쓸 짓을 한 놈을 잡아다가 동네 사람들이 덕석말이를 해 다시는 그런 일이 없도록 엄하게 다스린 적도 있었다.

그 옛날 한여름 땡볕이 서서히 지고 해거름이 오면 마당 한가운데 멍석을 깔고 그 옆에는 모깃불을 지피고 가족과 함께 도란도란 저녁을 먹고 잠이 오면 홑이불 하나 덮고 멍석 위에서 곤히 잠들었던 기억이 생생하다. 티 한 점 없는 여름밤, 금방이라도 쏟아질 것만 같던 헤아릴 수 없이 많고 아름다운 별들을 보는 것은 이제 영원한 추억이 되고 말았다.

23

다듬잇돌

어머니들의 고단한 삶 대변하는 고향의 소리

예로부터 삼희성三喜聲이라 하여 세 가지 듣기 좋은 소리가 있었다. 아이 우는 소리, 글 읽는 소리, 다듬이질 소리가 그것이다. 이 가운데 다듬잇돌 소리는 우리 어머니들의 고단한 삶을 대변하는 소리이다. 전기다리미에 세탁소까지 이 좋은 세상에 다듬잇돌이 어디에 필요할 것인가.

다듬잇돌은 단단한 화강암이나 박달나무 등을 재료로 직육면체 형으로 만들었다. 밑면의 네 모서리에는 네 개의 짧은 다리를 두기도 하였다. 윗면은 고운 옷감이 상하는 일이 없도록 반들반들하게 다듬어 만들었다. 우리 지역에서는 대체로 화강암으로 만든 다듬잇돌을 사용했지만 충청도와 함경도 지역에서는 박달나무로 만들고 옷감을 말아 두는 홍두깨와 방망이 역시 박달나무가

주요 재료였다.

내 어릴 적 온 동네마다 새마을 바람이 불어닥칠 무렵 어머니는 다듬잇돌뿐만 아니라 온갖 생필품들을 고물 장사에게 몇 푼의 돈을 받고 팔거나 새 용품으로 바꾸고 말았다. 훗날 우리 조상들이 쓰던 물건에 관심을 갖고 수집을 시작할 무렵 우리 집에는 오래된 물건이라고는 아무것도 남은 것이 없었다. 모두 고물 장사 손으로 다 넘어간 후였다.

나는 10여 년 전부터 아내의 만류에도 불구하고 절구통, 맷돌, 호롱불, 북, 다듬잇돌 등 우리 생활에 없어서는 안 될 중요한 가정용 생활 도구를 수집하기 시작했다. 두세 번 다리를 놓고 다니며 어느 할머니 집에서 구입한 화강암

다듬잇돌은 지금 보아도 참 좋은 작품이다. 당시 여든이 넘은 할머니가 시집 오면서 친정에서 가지고 왔다는 그 다듬잇돌은 100년이 훨씬 넘은 것이다.

화강암 다듬잇돌을 구입하고 한참 후 윤이상 기념공원 조성으로 인해 조상 대대로 살던 주택이 보상을 받고 서울 아들집으로 가게 된 할머니께서 더 이상 필요 없다며 나에게 선물로 주고 간 박달나무 다듬잇돌과 홍두깨 또한 그 작품성이 뛰어나 소중히 간직하고 있는 물건이다.

어머니가 두들겼던 그 아련했던 다듬잇돌 방망이 소리며 아이 우는 소리, 글 읽는 소리는 언제 다시 한 번 들을 수 있을까.

24

맷돌과 절구통

볼수록 정감 가고 마음 따뜻해지는 물건

요즘이야 웬만한 것들은 모두 믹서기에 갈아 사용하는 편리한 세상이지만 그 옛날 맷돌과 절구통은 우리 생활에서 없어서는 안 될 귀중한 생활용품이었다. 집집마다 맷돌과 절구통이 없는 집이 없었다.

우리 고장에서는 절구통을 도구통이라고도 하며 도굿대(절굿공이)와 함께 짝을 이루어 사용했다. 처음에는 만들기 쉬운 나무 절구통이 많았지만 차츰 견고한 돌로 만들어 쓰기 시작했다. 1960년대 정미소가 없던 시절만 해도 이 절구통으로 보리방아를 찧어 보리밥을 해 먹었다.

동지가 가까워지면 어머니는 손수 타작하여 장만해 두었던 조선콩을 물에 불리어 가마솥에 삶고 이를 절구통에 찧어 메주를 만들었다. 그 정겨웠던 모

습은 이제 흑백사진이 되고 말았다. 따뜻한 온돌방에 매달아 놓은 메주에서 나던 그 특유의 곰팡이 냄새를 언제 다시 한 번 맡아 볼 수 있을까?

명절이나 제삿날 등 이름 있는 날이 다가오면 맷돌에 쌀가루를 곱게 빻아 시루에 떡을 찌던 어머니의 모습은 지금도 눈에 생생하다. 김이 새는 것을 막기 위해 떡시루 주변을 감쌌던 하얀 밀가루 반죽은 늘 우리들 차지였다. 겨우내 얼었다 녹기를 반복하며 잘 마른 누런 호박 우거지를 썰어 넣어 알맞게 찐 그 맛있던 시루떡을 언제 한 번 맛볼 수 있을까. 맷돌을 돌릴 수 있도록 나무로 만든 손잡이를 '어처구니' 라고 하는 것을 훨씬 뒤에야 알았다. 어이없는 일을 당했을 때 '어처구니없다' 라는 말을 쓰는 것을 보면 이러한 생활용품들이 우리 생활과 얼마나 깊은 관계를 갖고 있었는지 알 수 있다.

맷돌과 절구통 이 두 가지 물건의 질과 크기에 따라 살림 규모를 알 수 있었고 가정주부의 진면목을 가늠할 수 있었다. 나는 아파트에 살 때부터 도깨비

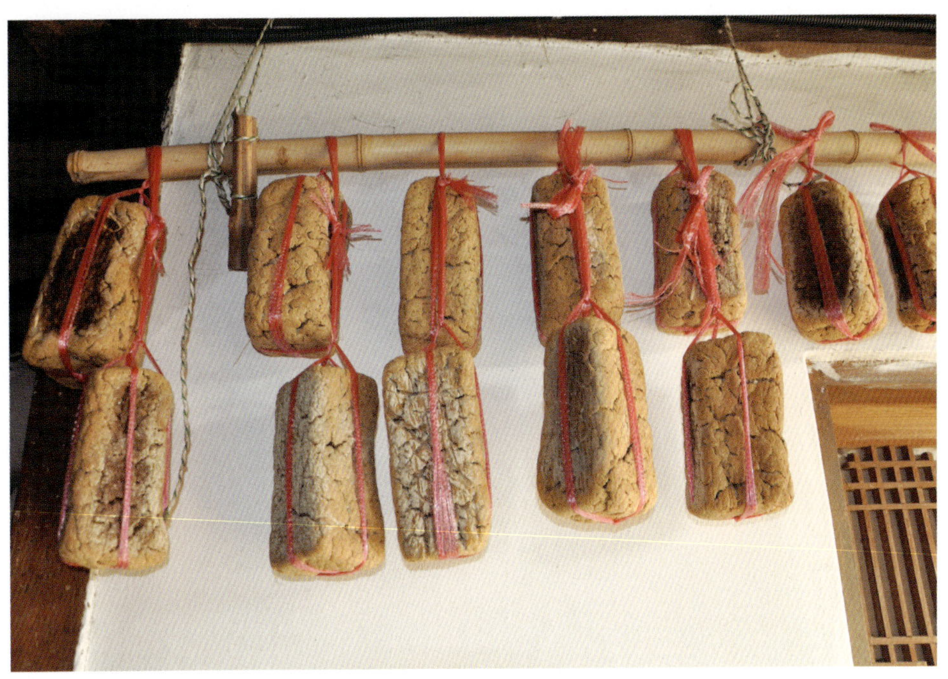

나겠다며 극구 만류하는 아내의 의견을 뿌리치고 맷돌 몇 개와 절구통을 구입해 보관하고 있다.

신봉마을 어느 할머니가 보관하고 있던 맷돌이었는데 결이 좋고 생김새가 아름다워 수차례 방문한 끝에 구입한 물건이다. 지금은 비록 정원에 두고 감상만 할 따름이지만 참 잘 구했다 싶다. 둘 다 차가운 돌로 만든 용품이지만 볼수록 정감 가고 마음 따뜻해지는 물건들이다. 옛 추억을 더듬을 수 있도록 오래오래 곁에 두고 보아야겠다.

25

가 마 솥

가마솥에 푹 삶은 보리밥 한 그릇

어머니는 사시사철 가마솥에다 보리쌀로 밥을 지어 8남매를 먹여 키웠다. 지금처럼 밥을 맛있게 하기 위해 가마솥에 밥을 한 것이 아니라 밥을 할 곳이 가마솥뿐이었고 연료라고 해 보았자 땔감뿐이었으며 솥에다 삶을 것이라고 해 보았자 보리밖에 없었다. 매일 아침저녁으로 연기를 들이마시며 뭐 그리 보리밥이 하고 싶었겠는가?

어머니의 보리밥 짓는 방법은 요즘과는 사뭇 달랐다. 보리쌀을 한 솥 가득 삶아 대바구니에 걸어두고 조금씩 꺼내어 가마솥에 얹고 그 위에 약간의 쌀을 씻어 밥을 짓는 방법이었다. 1차적으로 밥이 끓기 시작하면 그 냄새는 참으로 견디기 어려울 정도로 구수했다. 밥을 다 퍼내고 나면 쌀뜨물을 부어 끓인 그

숭늉 맛은 참 기막힐 정도였다. 솥 언저리에 약간 얹은 쌀밥은 늘 아버지 몫이었다. 배고팠던 시절 학교를 파하고 집으로 돌아오자마자 보리쌀 바구니를 뒤져 그 시커먼 보리쌀을 훔쳐 먹던 시절을 생각하면 절로 웃음이 나온다.

나이가 더 들어 고등학교를 다니고 사회 초년생이 되었을 때까지 어머니는 그 지겨운 보리밥을 지어야 했다. 유난히 친구 좋아하고 나만의 공부방이 있었던 터라 우리 집에는 거의 매일 친구들이 들끓었다. 어머니는 별다른 내색

하지 않고 특별한 반찬도 없이 그 보리밥으로 아들 친구들을 먹였다. 지금이야 그런 가마솥이 있을 리 만무하지만 그때는 한 집에 보통 가마솥이 두 개 이상이었다. 소여물까지 가마솥에 끓여 주었으니 말이다. 겨우내 터서 턱턱 벌어진 손발도 소여물 한 줌이면 깨끗이 나았다.

그 시절 태산보다 높던 보릿고개를 오르내리면서도 아침저녁으로 굴뚝에서

피어오르는 연기를 보며 우리가 살아 있다는 것을 느끼지 않았던가. 어느 날 집을 나가 돌아오지 않는 자식을 위해 한 번도 거르지 않고 불을 지펴 연기를 피웠고 따뜻한 밥 한 그릇을 아랫목에 묻어두었다는 이야기는 우리의 가슴을 저미게 한다.

10여 년 동안 고민 끝에 지은 나의 전원주택 돌복숭아꽃 피는 마을의 키포인트를 바로 화목 보일러에 두었다. 물론 비상시를 위해 기름보일러를 설치하기도 했지만 주된 난방은 화목이다. 큰 가마솥을 걸 수 있도록 구들을 놓아 만든 황토방도 우리 집의 매력이다.

요즘 통영에서 가마솥을 구하는 것은 불가능한 일이다. 수소문 끝에 고성장에서 가마솥을 구할 수 있었다. 가마솥은 애시당초 만들기도 잘해야 하지만 처음부터 길을 잘 내야 한다. 가마솥을 만든 장인은 솥 길 내는 방법을 자세히 일러주었다. 물론 처음이야 시키는 대로 해 보지만 그렇게 만만한 일이 아니다. 때로는 온갖 산야초를 한 솥 가득 넣어 끓여보기도 하고 곰국도 끓인다. 가스로 대충 끓인 국과는 비교할 수 없다. 보통해서 감동하지 않는 아내는 온돌방 하나는 잘 만들었다며 칭찬을 아끼지 않는다. 간간이 굴뚝에서 피어오르는 연기를 보며 내가 정말 시골에서 살고 있다는 것을 실감한다. 어머니 돌아가시기 전에 가마솥에 푹 삶은 보리밥 한 그릇이라도 먹어 보았으면 좋겠다.

26

경상남도나전칠기 기술원양성소

통영나전칠기의 본산지

통영나전칠기의 역사는 조선 시대 통제영의 십이공방까지 거슬러 올라간다. 칠방은 초기에 상칠방과 하칠방으로 분리되었다가 다시 상하칠방으로 합방된 이래 칠장방 또는 칠방이라 칭했다. 각종 칠기에 나전(자개)을 붙이는 작업을 했던 곳이 패부방이다.

통영나전칠기 제품의 우수성이 널리 알려지면서 19세기 후반에는 수요가 급증하였다. 특히 통영 부근의 남해안에서 나는 질 좋은 소라, 전복 껍질을 이용하여 통영의 우수한 장인들에 의해 제작된 나전칠기 제품을 통영 자개라 하여 없어서 못 팔았다.

1895년(고종 32) 통제영의 폐영과 함께 통영공방 또한 폐방되면서 근세 초

급격한 산업사회의 발달로 대부분의 전래 수공업은 더욱 쇠퇴해지다가 지금은 몇몇 장인들에 의해 그 명맥을 유지하고 있을 뿐이다. 1950~1960년대만 해도 통영시내 안에는 두 집 걸쳐 한 집씩 자개방이었다. 어려웠던 시절 웬만한 청년들은 너도나도 나전칠기 기술을 배웠고 웬만큼 사는 가정에서는 나전칠기 제품이 없는 집이 없었다. 얼마나 좋은 나전칠기 제품을 가졌는가가 부의 척도였다.

이러한 통영의 전통공예 발전을 위해 애쓴 사람들이 많았지만 우리는 염색공예가 유강렬을 잊어서는 안 된다. 유강렬은 1947년 작가로서의 활동을 위해 교직을 사퇴하고 사촌 동생 유택렬과 함께 금강산으로 작품 제작차 가던 중 이중섭과 한묵을 만나 온정리의 한묵 집에서 묵는다. 이런 연유로 후일 유강렬이 이중섭을 부산에서 통영으로 데려오게 된다. 금강산의 신계사에서 작품 제작 중 6 · 25 전쟁이 터져 동생 유택렬과 함께 금강산을 떠나 월남하여 거제도 장승포를 거쳐 1951년경 부산에 정착한다.

그 전쟁의 참화 속에서도 유강렬은 통영나전칠기의 질적 향상을 위해서는 기능 인력의 조형 및 현대적 기술교육이 선행되어야 한다며 서울에서 피난 온 통영 출신 나전공예가 김봉룡의 협조를 받아 관계官界를 설득하여 1951년 경상남도 나전칠기 기술원 강습소(소장 도지사 양성봉, 이듬해 경상남도 나전칠기 기술원 양성소로 승격)의 발족을 성사시켰다. 김봉룡은 나전기술 강사로 본인은 주임 강사로 위촉되어 1954년 4월 최순우의 편지 권유로 상경하여 홍익대 교수가 되기 직전까지 도안 교육을 담당하였다.

이때 유강렬은 부산으로 피난 와 떠돌이 생활을 하던 평안도 동향인 이중섭을 통영으로 오도록 권유하였다. 이중섭은 1952년 봄부터 1954년 봄까지 만 2년간 통영에 기거하면서 경상남도나전칠기 기술원강습소(양성소) 학생들에게 데생을 가르쳤다. 1952년 유강렬, 전혁림, 장윤성과 함께한 4인전을 비롯하여 1953년 40여 점의 작품으로 성림다방에서 개인전을 열었고 통영시절 수많은 작품을 남겼다는 것은 다 아는 사실이다.

통영 생활을 정리하고 홍익대학교에 재직하던 중 1964년 충무시의 요청과 아시아재단의 후원에 의하여 충무시 공예학원 기술 원조를 위한 시찰단을 편성해 현지 조사를 하고 나전공예 기능인 양성교육과 나전칠기제품 개발에 대한 기술지원이 이루어지도록 하였다. 이 기술지원단은 계속 5년간에 걸쳐 매년 15~20일 동안 파견되었다.

통영에서 40여 일간 제작하여 완성한 아플리케 기법의 작품 〈가을〉이 1953년 제2회 대한민국 미술전람회 공예부문 최고상인 문교부장관상을 수상하였다. 역시 통영시절 제작한 나염작품(4폭 병풍) 〈향민도〉가 1954년 제3회 대한민국 미술전람회에서 특선으로 국무총리상을 수상하였다.

이처럼 유강렬은 비록 통영 출신은 아니더라도 통영나전칠기 공예의 발전을 위해 기여한 공으로 친다면 통영나전칠기의 대부라고 해도 전혀 틀린 말이 아니다. 통영시 항남동에 남아 있는 '경상남도나전칠기 기술원양성소'를 매입하여 나전칠기 체험장을 비롯하여 김봉룡, 유강렬 기념관으로 활용하는 것은 지극히 타당하다 할 것이다. 몇 번의 시도에도 불구하고 여러 가지 사정으로 이를 성공시키지 못한 것은 나의 능력 부족이라 생각하여 지금도 가슴 아플 뿐이다.

마침 최근 경기도 안양에 거주하는 유강렬의 제자인 섬유공예가 신영옥과의 뜻밖의 인연으로 유강렬의 자료 정리와 아울러 통영과의 관계 정립을 위해 대화를 나누고 있는 중이다. 물론 그의 작품이나 자료 대부분은 이미 국립현

서양화가
이 중 섭
LEE CHUNG - SEOB
(1916-1956)
피난시절 작품활동 하였던 곳
모텔
4층

삼계탕
쌈인정

대미술관과 국립중앙박물관, 홍익대 등에 소장되어 있지만 제자 신영옥이 관리하고 있는 자료를 아무 조건 없이 통영으로 주겠다니 이보다 더 고마운 일은 없을 것이다.

60여 년 전 통영나전칠기의 부흥을 위해 이곳 통영에서 의기투합했던 두 선각자를 기리고 기억하는 일에 대한민국 제일의 전통공예 도시를 꿈꾸는 통영시가 적극 나서는 것은 지극히 당연한 일일 것이다.

평론가 오광수는 "염색공예가, 조형(공예)교육가, 판화가, 장식가로 활동하면서 장인 공예를 현대 조형이란 디자인의 개념으로 혁신, 즉 수공예란 전대적 공예 관념을 현대조형의 위치로 끌어올린 데서 그의 공예가로서의 선구적인 입지와 조형교육가로서의 뛰어난 영역을 발견할 수 있다."고 말한다.

1976년 11월 7일 심장마비로 세상을 떠나고 1978. 3. 30 ~ 4. 13. 국립현대미술관이 주최하고 한국미술협회와 한국현대판화가협회가 후원한 「유강렬 초대 유작전」에서 "만날 때는 반갑고 헤어질 때 개운한 사람이었고 숨은 일은 혼자 많이 하면서도 공을 내세우지 않는 사람, 그리고 남을 도와주고도 모른 척하는 사람, 돈이 없어도 구차한 얼굴을 보이지 않았던 사나이, 좋아하면 친구나 선배나 제자를 가릴 것 없이 깊이 마음을 쏟는 성품의 사나이, 그가 바로 유형이라는 사나이였다."고 최순우 전 국립중앙박물관장은 인간 유강렬을 회고했다.

통영 생활 60년, 그의 사후 36년, 통영 르네상스를 꿈꾸었던 김봉룡, 유강렬, 이중섭, 전혁림, 장윤성, 김용주, 청마 등 그들의 넋이라도 통영으로 모시고 와 한바탕 문예잔치라도 벌여 볼 일이다.

27

벅 수

영원한 마을의 수호신

벅수는 민간신앙의 한 형태로서 마을의 수호신 역할을 하기도 하고 사찰이나 지역 간의 경계나 이정표 구실도 한다. 대부분 남녀 1쌍을 세우고 5방위 또는 경계 표시마다 열한 곳이나 열두 곳에 세운다. 동제의 주신이 되기도 한다. 솟대 · 돌무더기 · 서낭당 · 신목 · 선돌 등과 함께 동제 복합 문화를 이룬다.

장승의 기원은 고대의 남근 숭배설과 사찰의 토지 경계 표지에서 유래되었다는 설과 솟대 · 선돌 · 서낭당에서 유래되었다는 설 등이 있으나 확실한 기원은 알 수 없다. 명칭은 장승, 장성, 장신, 벅수, 벅시, 돌하루방, 수살이, 수살목이라고도 불리며 지역과 문화에 따라 다르게 전승되고 있다. 사용된 재료에 따라서 목장승, 석장승, 복합장승으로 분류된다. 보통 남녀 1쌍을 이루고

土地大將軍

있고 목장승은 주로 소나무나 밤나무를 사용하는데 그 형태는 솟대형, 목주형, 신장조상형이 있다. 석장승의 형태로는 선돌형, 석적형, 석비형, 돌무더기형이 있고 복합장승은 돌무더기나 흙무더기에 솟대와 석인의 복합 형태를 이룬다.

장승에 쓰는 장군명에는 민속적 신명이 등장하는데 동쪽에 있는 장승에는 동방청제축귀장군東方青帝逐鬼將軍, 서쪽에는 서방백제축귀장군西方白帝逐鬼將

軍, 남쪽에는 남방적제축귀장군南方赤帝逐鬼將軍, 북쪽에는 북방흑제축귀장군北方黑帝逐鬼將軍이라는 신명을 써서 잡귀를 쫓는다.

장승은 서낭당, 산신당, 솟대와 동등한 것으로 인정된다. 액운이 들었을 때나 질병이 전염될 때 장승에 제사지내는 일이 있는 것으로 보아 단순한 경계나 이정표의 구실과 함께 잡귀나 질병으로부터 보호해주는 마을 수호신으로서 또는 개인의 소원 성취를 기원하는 대상으로서 신앙적인 성격과 깊은 관련이 있다.

바다와 밀접한 관계가 있는 우리 지역에도 이런 벅수가 여러 곳에 산재해 있었다. 청마거리를 지나 세병관으로 오르는 길 오른쪽에 돌벅수 한 기가 이곳을 찾아오는 사람들을 반기는 듯 만면에 묘한 웃음을 흘리고 서 있다. 자세히 보면 무섭기도 하고 익살스럽기도 하다.

1906년에 마을의 재앙을 막고 평안을 기원하기 위해 동네 노인들이 벅수계(장승계)를 모아 세운 것으로 크기는 높이 201cm, 둘레 155cm이다.

서쪽으로 향한 독벅수인데다 뒤에 여항산, 동쪽에 망일봉, 서쪽에 천암산의 중심지대에 위치한 것으로 미루어 풍수지리에 따라 보허와 진압을 위해 세워

진 비보장승이다. 몸의 앞면에는 '토지대장군土地大將軍' 이라는 글자가 음각되어 있고, 뒷등에는 '光武十年丙年八月 日 同樂洞 立(광무10년 병년 팔월 ㅁ일 동락동 입)' 이라고 음각되어 있다.

일반적인 장승은 제작 연대가 불분명한데 이 장승은 뒷등에 제작 연대가 뚜렷하게 쓰여 있는 것이 특이하다. 벙거지를 쓰고 이마에 주름이 있으며 눈알이 작은 편이나 튀어나온 점은 일반적인 장승과 공통적이다. 세 가닥의 수염이 비스듬하게 움푹 패어 있고 송곳니가 아래로 길게 나와 험상궂은 인상이지만 자세히 보면 눈가와 입술에 약간의 미소가 서려 있어 친근감을 느끼게 한다. 얼굴 표정은 다른 장승처럼 마을의 벽사신으로서 잡귀를 쫓을 수 있는 공포감을 자아내게 하고 있다. 매년 춘추로 차일을 치고 오후에 한 시간 정도 동네 노인들이 간단한 제상을 차리고 제사를 지냈으나 1930년대 일제강점기에 단절되었다고 한다.

문화동 벅수는 지금은 유례를 찾아보기 어려운 독장승으로 험상궂으면서도 미소를 머금은 표정은 민간의 독특한 장승 조형미를 보여줄 뿐 아니라 보기 드문 독벅수라는 면에서 1968년 11월 23일 중요민속문화재 제7호로 지정되었다.

이 외도 산양읍 삼덕리 원항마을 입구에도 마주보고 서 있는 한 쌍의 돌장승이 있다. 지상 높이 90여㎝, 몸 둘레 90여㎝의 남녀 한 쌍의 돌장승으로 1920년경에 제작된 것으로 짐작된다. 마을의 경계표시와 함께 수호신의 역할도 하는 것으로 마을의 신앙 대상으로 섬겨진다. 마을 사람들에 의하면 아들을 낳기 위해 부녀자들이 벅수의 코를 많이 갉아 먹었다고 하기도 하고 반대

로 유산을 원하는 여자들은 벅수의 눈을 가루 내어 먹었다고 전한다.

재혼을 원하는 여인네가 마을을 떠날 때는 신발을 벅수 앞에 놓고 가는데 이때 신발의 방향은 마을을 향하도록 놓는다. 죽은 남편의 혼이 따라오는 것을 막기 위함이라 한다. 이 외에도 논개, 우륵개(우포마을), 산양읍의 당포, 일운, 이운 등 여러 곳에 그 지역 나름의 장승들이 있었다. 더 훼철되기 전에 이를 기록으로 남겨두어야 할 일이다.

28

보리밭

오뉴월 풋심보다 하기 싫던 보리타작

보리밭. 이름만 들어도 어머니 품처럼 넉넉하다. 미륵산 등반을 마치고 내려오다 야소마을 양지바른 밭뙈기에서 보리밭을 만났다. 얼마 만에 보는 보리밭인가. 살을 에는 혹독한 추위에 생명 있는 것이라고는 모두가 침묵하고 있건만 보리만이 푸르름을 자랑하며 모진 겨울을 잘도 이겨내고 있다.

음력설 전에 밟아 주어야 수확을 많이 할 수 있다는 것은 훨씬 뒤에 알았다. 이유도 잘 모르고 보리밟기에 동원되었던 초등학교 시절의 추억이 생생하다. 몇 줄이고 늘어서서 차근차근 보리를 밟던 그 시절, 겨우내 얼었던 땅이 부풀어 있어서 그걸 밟아주어야만 뿌리가 건강하게 자라 많은 수확을 할 수 있다는 아주 작은 진리를 그때야 어찌 알았으랴.

웬만한 식물들은 봄에 파종해서 여름이나 가을에 수확한다. 하지만 보리는 늦가을의 황량한 들판에 뿌려져 동토에서 씨앗을 틔운다. 온갖 만물들이 한창 생명의 전성기를 누리는 여름이 오면 소임을 다 마치고 다시 다른 식물의 거름으로 돌아가는 것이 보리다.

이른 봄 아지랑이가 피어오르면 보리 이랑 사이에 자란 풀(이곳에서는 복새라고 부름)을 뜯어 소와 닭을 키웠다. 늦은 봄이면 신바람이 나기 시작한다.

앞 뒷산에 풀이 돋기 시작하면 아침저녁으로 소를 먹이러 간다. 누렇게 익어 가는 보리는 보기만 해도 군침이 돈다. 우리는 소를 풀어놓고 보리를 서리해 모닥불 위에서 굽기 시작한다. 그 구수한 맛을 꿈엔들 잊으리.

봄은 너무도 길었다. 보리쌀도 달랑달랑하기 시작한다. 고구마 썰어 말린 것 외 먹을 것이라고는 아무 것도 없었다. 우리처럼 식구가 많은 집에서는 그마저도 떨어진 지 오래다. 배는 더욱 고팠다. 보리 수확을 앞두고 마을에서는

한 판 잔치가 벌어진다. 조금 형편이 나은 집에서 떡을 해 나누어주고 그 대금은 보리를 수확해 갚으면 된다. 말이 떡이지 쑥에 쌀가루를 조금 넣어 버무린 것에 불과했지만 그래도 허기는 면해 주었다.

음력 5월이면 본격적으로 보리 베기가 시작된다. 일찍 양식이 떨어진 집에서는 풋보리를 베어 햇볕에 말렸다 타작을 하기도 한다. 천금보다 귀한 양식이었건만 그때는 왜 그리도 보리 베기가 싫었을까. 오죽하면 '오뉴월 푸심' 보다 하기 싫은 것이 보리타작이라고 했을까. 찌는 듯한 더위로 끈적거리는 몸에 달라붙는 보리 가시랭이, 지금 생각해도 등골이 오싹해 온다.

보리타작이 끝나고 돌아서면 지루한 장마가 시작된다. 이쯤 해 마을은 온통 보리 볶는 냄새로 진동한다. 집집마다 가마솥 뚜껑에 보리를 볶아 끼니를 때우기도 하고 최고급 무공해 미숫가루도 이때 만들어진다.

고교시절 보리밥이 부끄러워 도시락 한 번 내놓고 먹지도 못했던 시절도 있었지만 지금까지 특별한 병치레 한 번 해 보지 않고 자란 것은 순전히 보리밥 덕분이라고 생각하니 그저 고마울 따름이다. 지금이야 성인병 예방이다 해서 오히려 돈 있는 사람이 보리밥 먹고, 돈 없는 사람은 하얀 쌀밥만 먹는다. 분

위기 있고 맛있는 보리밥집에는 줄까지 서야 한다니 이 어찌 격세지감 아니겠는가.

이제 전문적인 농사 곳이 아니면 거의 보리를 심지 않는다. 전북 고창에서는 청보리 축제를 열어 옛 향수를 불러일으킨다니 그나마 다행이 아닐 수 없다. 오히려 나락보다 수입이 훨씬 낫다 하니 겨울 동안 하릴없이 놀고 있는 야솟골 다랑논 가득 보리를 심어 주민 소득도 올리고 관광상품으로 활용하면 수많은 관광객을 불러 모을 수 있을텐데 늘 아쉬울 따름이다.

29

등잔과 두꺼비집

수시로 내려가던 두꺼비집 추억

작년 9월 대규모 정전 사태로 온 나라가 벌집 쑤셔놓은 것처럼 떠들썩했다. 또다시 정전 사태가 발생할 경우 피해액은 11조 6,485억 원으로 예상된다니 상상을 초월하는 피해 규모이다. 올여름 들어서도 전기 사정이 좋지 않다며 블랙아웃을 걱정하는 소리가 여기저기서 들리더니 급기야 엊그제는 전국적으로 대규모 정전 사태에 대비한 재난대응 훈련을 실시했다. 약 20분 동안 정전을 가상한 훈련이었다. 훈련을 통해 화력발전소 10기에 해당하는 전력 500만 kW을 절감했다니 놀라운 일이다.

우리는 거의 초등학교 저학년이 되기까지는 등잔불이나 호롱불을 보며 자랐다. 매캐한 기름 냄새는 말할 것도 없고 방바닥에 누워 숙제라도 할라치면

늘 어른거리는 등잔불로 인해 제대로 공부가 될 리 없었다. 그 등잔불이라도 마음대로 켤 수 있었으면 다행이련만 그마저도 마음대로 할 수 없었다. 순전히 기름(지름)값 때문이었다. 혹 제사 때나 명절이 오면 처마 밑이나 화장실 가는 길목에 걸어 둔 호롱불의 위력을 어찌 잊을 수 있으랴.

1970년대 초, 내가 초등학교 3, 4학년이 될 무렵 우리 동네에 처음 전깃불이 들어왔다. 그래도 우리 마을은 면소재지라는 이유로 저 풍화리나 도서 지역보다는 훨씬 일찍 전기 혜택을 보았다. 천지가 개벽이라도 될 듯 기뻤지만 그 기쁨은 그리 오래가지 못했다. 우리 집은 큰 채와 아래채에 각각 두 개의 방이 있었다. 어느 날 아버지는 위채, 아래채 할 것 없이 흙담으로 된 벽을 뚫고 그

구멍 한가운데에 10촉짜리 전구를 설치하였다. 방마다 전기를 켜면 요금이 많이 나온다는 이유에서였다.

그마저도 조금만 누전이 되거나 과부하가 걸리면 우리 집 대청 모퉁이에 달려 있던 두꺼비집은 하루에도 몇 번씩 내려가기를 반복했다. 물론 고르지 않은 전력 사정으로 제바람에 내려가는 경우도 있었지만 아버지의 강력한 절전 시책에 우리는 속수무책이었다.

그나마 초등학생 시절이야 밤늦게 공부할 필요가 없었으므로 아무런 불편을 느끼지 못했다. 중학교 때부터 문제가 생기기 시작했다. 고등학교에 진학하기 위해서는 눈에 불을 켜고 공부를 해도 모자랄 판이었다. 아버지와 어머니는 중학교 간 것만 해도 감지덕지인데 무슨 썩어빠질 고등학교냐며 아예 두꺼비집 뚜껑을 떼다 큰방에 숨겨두기 일쑤였다.

아, 그래도 하늘은 무심하지 않았다. 풍화초등학교를 졸업하고 산양중학교에 진학한 동무 몇 명이 소재지 마을에서 자취를 하고 있었다. 하늘도 스스로 돕는 자를 돕는다는 말이 거짓이 아니었다. 마침 저 멀리 풍화리에서 유학 온 친구들에게 차례로 빌붙기 시작했다. 물론 저녁밥을 해결하고 자취방으로 달려가 전깃불만 공동으로 쓰면 되었으므로 친구들이 큰 눈치를 주지 않았다. 한 친구에게만 집중적으로 전기를 얻어 쓰면 싫어할 수 있으므로 순번을 정해 놓고 이집 저집 번갈아 가며 신세를 지는 지혜를 발휘했다.

또 한 번의 위기가 닥쳐왔다. 천신만고 끝에 고등학교를 진학하고 청운의 꿈에 부풀어 있던 때였다. 물론 수업 종료 후 야간 자율학습이라는 제도가 있어 학교에서 불을 끌 때까지 버티면 되었지만 그 이후가 문제였다. 학교에서 운영하는 기숙사도 저 도서벽지에서 온 학생들이 수혜자였고 우리에게는 그림의 떡이었다.

하루 종일 수업에 시달려 파김치가 되어 마지막 마이크로버스를 타고 집으로 돌아오는 것은 참 힘겨운 일이었다. 그래도 저만치 골목길을 돌아 마을로 들어서면 불빛 하나라도 켜져 있으면 얼마나 좋으련만, 우리 집은 어김없이 불이 꺼져 있었다. 아버지가 깰세라 잰걸음으로 아래채의 공부방을 열고 들어가 10촉짜리 전등을 켠다. 전깃불만 있다면 그 정도의 피곤함이나 배고픔은 얼마든지 이길 수 있었다.

채 30분이 가기도 전에 어떻게 감지했는지 아버지는 인정사정도 없이 "글이 솥에 들어가느냐"며 예의 그 두꺼비집을 내리는 것이었다. 아뿔싸, 오늘도 공부는 다 틀렸다. 가만히 누워 보름달에 비친 창문을 하염없이 바라보다가 나도 몰래 잠든 때가 한두 번이 아니었다. 그런 구두쇠 아버지도 섣달 그믐날 밤에는 잠을 자면 눈썹이 하얗게 샌다며 밤새도록 호롱불과 전등을 켜 놓았으니 참 아이러니한 일이다.

이제 그 두꺼비집과 10촉짜리 전등은 흔적 없이 사라졌다. 거의 매일 저녁 온 동네를 대낮처럼 밝혀주는 산양스포츠파크의 조명탑을 바라보노라면 지나온 세월이 주마등처럼 뇌리를 스친다. 올겨울 또다시 유례없는 전기 대란이 일어난다 하니 벽장 속의 호롱불이라도 꺼내어 먼지도 닦고 기름이라도 가득 넣어 두어야겠다.

30

돌 담

돌담에 속삭이는 햇발같이

돌담에 속삭이는 햇발같이/ 풀 아래 웃음 짓는 샘물같이/ 내 마음 고요히 고운 봄길 위에/ 오늘 하루 하늘을 우러르고 싶다/ 새악시 볼에 떠오르는 부끄럼같이/ 시의 가슴에 살포시 젖는 물결같이/ 보드레한 에메랄드 얇게 흐르는/ 실비단 하늘을 바라보고 싶다

영랑 김윤식의 〈돌담에 속삭이는 햇발같이〉 시 전문이다.

이처럼 돌담은 시가 되고 그림이 된다. 돌담은 추억이고 고향이다.

언젠가 도보여행을 하다가 만난 사량도 옥동마을의 담쟁이넝쿨로 뒤덮인 그 아름다운 돌담 풍경은 지금도 잊을 수 없다. 산양읍 오곡도 그 조그마한 섬

어디에서 그토록 많은 돌이 다 나왔는지 아기자기하게 쌓은 돌담과 순전히 돌로 지은 집들은 앞으로 잘 보존한다면 유네스코에 문화유산으로 등재될 문화재감이다.

옛날에는 담장이 부를 과시하는 장식물이 아니라 그저 내 집 네 집을 표시하는 경계에 불과했다. 고개만 내밀면 누구라도 주인의 동태를 살필 수 있었고 주인은 툇마루에 앉아서도 행인의 모습을 볼 수 있었다.

얼기설기 쌓은 돌 틈새로 뱀과 쥐가 들락거렸다. 담장을 사이에 두고 이웃집 처녀총각의 애틋한 눈빛이 오가고 잔칫날 정성껏 마련한 송편도 넘나들었

다. 사람이 아이를 낳거나 동물이 새끼를 낳으면 사립문에 작대기 하나 걸쳐 두면 그만이었다. 세이레가 지나기 전에는 아무도 그 신성한 영역을 침범할 수 없었다. 거기에는 불침번도 검색이나 검역도 없었다. 보이지 않는 약속만이 있었을 뿐이다. 이토록 아름다웠던 담장이 새마을 운동이라는 미명 아래 죄다 헐린 것은 안타까운 일이다.

그간 우리는 권력과 재산에 비례하여 자꾸만 높아져 가는 블록담에 주눅 들었다. 그렇게 높이 쌓은 담장에도 마음이 놓이지 않는지 뾰족한 유리조각에 철조망까지 친 담장을 보노라면 우리의 마음도 꽁꽁 얼어버리는 것을 어쩌랴 말인가. 도둑맞을 일도 없는 관청까지 덩달아 담장을 높여 시민들과 벽을 쌓았다. 아무것도 가져갈 것도 없는 시골에서조차 화려한 대문과 근사한 담장을 쌓아두고 빗장을 걸어만 갔다. 블록담이 높아지는 사이 이웃 간의 정은 온데간데없고 불신의 벽만 높아져 갔다. 부자를 터부시하는 이 사회에서 담벼락이 낮아지기를 기대하는 것은 어리석은 일일지도 모른다. 최근 지방자치단체를 중심으로 위압적이고 천편일률적인 블록담을 걷어내는 담장 허물기 작업을 한창 진행하고 있으니 그나마 다행이 아닐 수 없다.

나는 오랫동안 꿈꾸었던 전원주택을 지으면서 돌담에 키포인트를 두었다. 터를 고르다가 나온 자연석을 모아두었다가 손수 담을 쌓았다. 높이 쌓을 것도 없고 집밖 어디에서도 안을 훤히 볼 수 있도록 키 낮은 돌담을 쌓았다. 건축비를 아낄 수 있어 좋고 운치가 있어 좋았다. 그야말로 일거양득이었다. 물론 전문가의 손을 빌리지 않은 터라 처음에는 울퉁불퉁 보잘것없었지만 철따라 피고 지는 갖가지 덩굴이 어우러져 근사한 풍경을 자아내고 있다.

멀리 갈 것도 없이 고성군 학동마을이나 산청 단계마을은 돌담 아름답기로 이름난 곳이다. 이 외도 순천 낙안마을, 전주 한옥마을, 덕수궁 돌담길은 우리에게 자연의 아름다움이 어떤 것인지 대변해 준다.

최근 전국적으로 활발히 진행되고 있는 마을만들기 사업의 주 포인트도 고풍스러운 옛 돌담을 그대로 살리거나 복원하는 데 있다. 회색빛 도시에서 상처받고 지치고 우울한 실향민들이 마음 놓고 언제든지 귀향할 수 있도록 고향에 남은 우리는 옛날 그 정겹던 돌담부터 복원하는 일을 시작해 보자.

chpator **4**

느림과 여유의 미학

31

장독대

옹기 사이소,
장독 사이소!

장독대는 어머니에게 과히 신이다. 어머니는 형님이 군대 가는 날에도 집 뒤 우물에서 갓 떠올린 찬물을 소반에 차리고 아들의 무사 귀환을 빌었다. 손자를 낳았을 때도 어머니는 어김없이 장독대 앞에서 "제앙님네, 제앙님네, 우짜든지 우리 손지 아무 탈 없이 잘 묵고 잘 크게 해주이소"라며 빌었다. 장독 안에 신이라도 있단 말인가.

우리 집에는 마당의 약 절반을 차지한 채 장독대가 부엌 앞에 자리 잡고 있었다. 장독대 주변으로는 사시사철 장미꽃, 봉숭아, 맨드라미, 채송화, 다알리아 등이 피고 지며 장독대와 어울려 한 폭의 그림이나 설치미술을 보는 듯하였다.

그 많은 옹기를 어디에서 다 구입했는지 큰 장독부터 꼬마 장독까지 그 크기와 모양도 다양하였다. 크기나 모양이 비슷하여 도저히 속에 무엇이 들었는지 알 수 없을 것 같지만 어머니는 띠지라도 붙여 놓은 듯 정확하게 내용물을 파악하고 있었다. 아침저녁으로 나고들 때마다 어머니는 그 장독 안에 보물이라도 있는 양 습관처럼 장독을 닦았다.

그 수많은 장독은 언제나 햇볕을 받아 반짝거렸다. 장독은 그 집안 여인들의 수준과 청결을 가늠하는 잣대이자 집안의 자존심임에 틀림없었다. 장맛은

그 집의 가훈과도 같았다. 손수 담은 장으로 8남매를 아무 탈 없이 키워 냈으니 어찌 그 장독이 생명의 근원이 아니겠는가.

그런데 언제부터인가 시골집에는 어머니가 그렇게 아끼던 장독이 하나 둘 비어가기 시작했다. 크고 작은 냉장고와 편리한 플라스틱 용기에 밀려 장독은 이제 더 이상 생활용품이 아닌 장식품으로 바뀌었다.

때를 맞추어 장독을 만들던 우리 주변의 옹기골도 서서히 쇠락의 길을 걷기 시작했다. 가는개(세포)마을에는 오래전부터 옹기골이 있었다. 마을 입구 옹기 가마에서 굽은 문어단지를 비롯하여 갖가지 옹기들은 산양면 관내는 물론 통영 시내까지 날개 돋친 듯 팔려 나갔다. 한창 성업 중일 때는 가는개 포구에서 나룻배에 실려 저 멀리 마산, 창원, 부산까지도 팔려 나갔다 하니 대단한

명성이었다.

이제 그 옛날 동네방네 다니며 "옹기 사이소, 장독 사이소"라며 주인을 찾아대던 옹기쟁이의 구성진 목소리는 더 이상 들을 수 없는 그리운 추억의 소리가 되어버렸다. 어머니가 유독 장독을 많이 사 모은 것은 당신의 조카사위가 친정 곳인 가는개에서 옹기쟁이를 했던 것과 무관하지 않을 것이다. 이제 홀로 계신 어머니에게 그 많은 장독이 다 필요할 리 만무해졌다. 구순 연세에 더 이상 소유의 집착을 버렸는지 빈 장독만 생기면 나에게 맡긴다.

전원주택을 지어 이사하면서 나는 장독을 수집하기 시작했다. 아파트로 살러 가는 사람들이나 재개발로 인하여 이사를 가는 사람들은 그 아름답고 고운 장독들을 모두 버리고 떠난다. 빈집 정비에 나선 포클레인 기사에게 발견되어

산산조각 나는 그 장독이 아깝기도 하지만 우리 집에는 장독이 있는 대로 다 필요하다. 시나브로 모아두었던 크고 작은 장독은 전원주택을 꾸미는 아주 중요한 재료가 되었으니 이 또한 훌륭한 자원 재활용 사례가 아니겠는가. 차츰 사라져 가는 장독에서 젊은 날 어머니의 얼굴을 그려본다.

32

달동네

도시 재생
새로운 모델 제시

달동네의 사전적 의미는 '도시나 그 주변의 높은 지대에 집이 빽빽하게 모여 있는 가난한 동네, 무허가 주택과 노후 불량 주택이 밀집된 도시 저소득층 밀집 지역의 속칭. 산동네' 라고 풀이해 두었다. 해와도 가깝고 별과도 가까운 곳에 있는 동네임에도 해동네나 별동네라고 부르지 않고 달동네라고 이름 붙인 국어학자의 감성이 예사롭지 않다. 은은하게 비추는 달빛 속의 고즈넉한 산동네 풍경, 미로처럼 얽히고설킨 골목을 오가는 사람 냄새 나는 풍경은 훨씬 달에 가까울 것이다.

물론 달동네에 산다고 해서 모두 다 삶이 고단하거나 가난하다고 말할 수는 없다. 대궐 같은 집은 아니더라도 또 금은보화는 지니지 못했더라도 주어진

삶에 순응하며 자연의 순리에 따라 순박하고 정직하게 살아온 달동네 사람들이 저 아래 휘황찬란한 도심 속에서 살아가는 사람들보다 덜 행복하다고 누가 단언할 것인가. 유럽이나 선진국일수록 우리의 달동네처럼 높은 곳에 위치한 마을에는 부자들이 살고, 햇빛, 달빛도 적게 들어오고 볼 만한 경치도 없는 아랫동네에는 가난한 사람들이 산단다. 왜 똑같은 사람들인데도 인식의 차이가 이렇게 다를까.

동피랑, 서피랑, 주전골, 야마골, 명정골, 서문고개, 남망산 등은 우리 시의 대표적인 달동네였다. 물론 동피랑 벽화마을은 도심 재개발만이 능사가 아니라 달동네를 보존하면서 얼마든지 도시를 재생할 수 있다는 새로운 모델을 제시함에 따라 전국에 널리 알려진 마을이다.

남망산공원 비탈면에 자리 잡은 통영국제야외조각공원 또한 야외조각 심포지엄을 통해 달동네를 문화 명소로 만든 대표적 사례이다. 원래 이곳도 무허가 판잣집들이 즐비한 달동네였다. 민선 초기에 남망산공원 재정비의 일환으로 이들을 이주시킨 이후 옛 마을 전체를 야외조각공원으로 조성하였다. 관람

동선은 옛 골목길을 그대로 활용했고 조각이 터 잡은 곳은 옛 집터를 그대로 살려 다른 조각공원과 다른 조각공원을 만들었다. 이 프로젝트에 기꺼이 참여한 외국의 거장들은 세계에서 단 하나밖에 없는 아름다운 조각공원이라며 찬사를 아끼지 않았다.

서포루 복원사업의 일환으로 추진하고 있는 서피랑 주거환경개선사업 또한 이런 모범 선례를 거울삼아 가능한 옛것을 보존하면서 또 하나의 명물이 탄생되기를 바라 마지않는다.

언젠가 통영을 찾은 이어령 초대 문화부장관은 통영에서만큼은 하찮은 골

목길조차도 얼마든지 문화콘텐츠가 될 수 있다며 훈수를 한 적이 있다. 거미줄처럼 얽힌 달동네의 골목에는 서민들의 애환이 그대로 묻어 있다. 그곳에 가면 한실댁의 목소리와 함께 용숙, 용빈, 용란, 용옥, 용혜 등 김약국의 딸들이 골목길을 뛰쳐나올 것만 같다.

33

초가집

첫눈 쌓인 초가지붕 더 이상 볼 수 없어

실버들 늘어진 언덕 위에 집을 짓고/ 정든 님과 둘이 살짝 살아가는 초가삼간 / 세상살이 무정해도 비바람 몰아쳐도/ 정이 든 내 고향 초가삼간 오막살이/ 떠날 수 없네.

— 초가삼간 노래가사

누가 이 노랫말을 대중가요라 하여 업신여길 것인가. 그 옛날 참 힘들고 어려운 시절이었지만 고향의 그리움을 가장 잘 표현한 노래라 애창하는 노래이다.

내가 나고 자란 마을은 볕바른 구망산 자락에 터 잡은 곳이라 하여 양산마

을이다. 삼동 볕도 갈라 쬐던 그런 마을이다. 가을걷이가 모두 끝나고 초겨울로 접어들기 시작하면 동네 양지바른 곳에서는 할아버지들이 이엉을 엮고 새끼를 꼬기 시작한다. 물론 공동 작업을 거쳐 완성된 이엉으로 각자의 초가를 걷어내고 새로 지붕을 인다. 혼자서 할 수 없는 일이므로 이엉을 일 때도 모두 품앗이를 하지 않으면 안 된다.

맨 처음 추녀 끝에서부터 이엉을 두르고 약간씩 겹치게 하여 차츰 위로 올라가 이엉을 마감한다. 마지막 공정인 용마루(우리 지역에서는 용구름이라고 함)를 이고 바람에 날리지 않도록 새끼로 단단히 묶으면 작업은 모두 끝난다. 며칠 만에 보름달만 한 초가 한 채가 생겼으니 어찌 마음 푸근하지 않으리. 지

붕을 다 이고 나면 어김없이 옹기에 장치해 두었던 맛있는 김치를 걸쳐 마시는 막걸리 파티가 열리곤 했다.

초가지붕을 새로 이는 것이야말로 남성들에게 주어진 1년 중 가장 큰일이었다. 우리의 아버지들이 남자라고 가장 으스댈 수 있는 때가 이 초가지붕을 이는 일이었다. 여성들은 이 작업에서만큼은 접근 금지구역이었다.

이제 다시 옛날로 돌아가 초가지붕을 복원할 수 없는 일이지만 그래도 그때가 사람 살기 좋은 때였다. 새로 인 초가지붕 사이로 굴뚝에서 저녁연기가 올라오는 것을 보는 것만으로도 배가 불렀던 그 시절, 끼니마다 가난을 밥처럼 먹고 살았다.

이토록 정성 들여 새로 단장한 초가에는 제비와 사람이 공존했다. 보름달 같은 박이 열리고 뱀도 오가고 굼벵이도 터를 잡는다. 여름에는 시원하고 겨울에는 따뜻한 친환경적인 주택이다. 어린 시절 곤히 잠들었다 일어난 어느 겨울날 아침 첫눈이 소복이 쌓인 초가지붕을 바라보며 느꼈던 그 평화스럽던 풍경은 어제 일처럼 지금도 생생한 추억이 되어 남아 있다.

1970년대 초가집도 없애고 마을길도 넓혀야 한다며 들불처럼 일어난 새마을운동과 더불어 차츰 사라지기 시작하더니 이제 초가집을 본다는 것은 여간 어려운 일이 아니다. 민속촌이 아니면 볼 수 없는 풍경이라니 안타까운 일이다.

34

탈곡기

쏟아지는 나락만 보아도 배불러

차츰 가을이 짙어지면 누런 들판에는 본격적으로 '애롱 애롱' 하며 탈곡기 돌아가는 소리가 여기저기에서 들리기 시작한다. 비록 소작논이었지만 우리 집에도 가을이 오면 본격적으로 추수에 들어간다. 여름 내내 품앗이로 얻어두었던 이웃 사람들이 와 나락을 벤다. 달랑 낫 한 자루로 언제 저 나락을 다 벨까 싶어도 눈이 게을러 그렇지 순식간에 그 많던 나락이 모두 논으로 돌아눕는다.

이틀이나 사흘 정도 논바닥에서 나락을 말린 이후 볏짚으로 나락을 묶는다. 남녀노소 할 것 없이 이고 지고 볏가리를 만든다. 논바닥이 가장 잘 마르고 적당히 넓은 논을 택하여 타작마당을 닦고 탈곡을 시작한다.

학교를 일찍 파하거나 가정실습이 다가오면 우리는 어김없이 이 작업에 동원되었다. 지금이야 모심기에서부터 농약·비료 주기, 타작까지 거의 모든 과정이 자동으로 이루어지지만 1960~70년대만 해도 이 과정들은 모두 수작업으로 이루어졌다. 작은 덩치에 그 큰 탈곡기의 발판을 누르고 나락을 훑는 일이 보통 일이 아니었지만 이는 피할 수 없는 운명이었다.

천신만고 끝에 나락을 다 훑고 나면 이제 바람을 이용하여 알곡과 쭉정이를 고르는 작업이 남는다. 훨씬 뒤에 풍로라는 농기구가 나오기는 했지만 그 이전에는 가래라는 나무로 만든 농기구로 나락을 한 삽 가득 공중으로 날려 알곡과 쭉정이를 고르는 작업이 기다리고 있었다. 아버지와 함께 힘을 합쳐 계속해서 가래질을 하고 어머니는 나락 한 톨이라도 버릴세라 정성으로 비질을 한다. 어느덧 나락이 소복이 쌓이기 시작하면 이제 말(두)로 곡식의 양을 계산하여 가마니에 담는다. 나

락에 담을 때부터 주인의 나락과 우리 나락이 구분된다. 주인은 7할, 우리는 3할을 가져와야 한다. 어린 나이에 아무리 보아도 주인 몫이 많다는 생각이 들었지만 아버지는 말 한 마디 못하고 주인의 몫을 챙겨주는 것이었다.

다음 날 새벽부터 우리는 또 이삭을 줍는 일과 볏짚을 쟁이는 일까지 하지 않으면 안 되었다. 논바닥에 떨어진 이삭은 말할 것도 없고 쥐구멍까지 다 털어 이삭을 주웠다. 그러는 사이 어머니는 나락 한 톨이라도 더 수확하기 위해 탈곡기에서 미처 처리되지 않은 덤불을 손으로 훑고 키로 까불어 가을걷이를 마무리하지만 이는 들판에서의 마지막 작업일 뿐 또 한 번의 공정이 남아 있다. 우여곡절 끝에 수확한 나락은 이제 집으로 옮겨져 햇볕 좋은 날을 택해 덕

석에서 잘 말린 후 창고에 들어감으로써 모든 공정이 끝나는 것이다.

모판을 만들고 볍씨를 파종하여 모를 심고 김매고 거름하고 농약 치고 베고 탈곡하여 밥이 되어 우리의 입에 들어가기까지의 그 수많은 노고를 생각한다면 밥상에 떨어진 밥 한 알, 쌀을 씻을 때 떠내려가는 한 톨의 쌀이라도 아끼려고 애쓴 우리 어머님의 마음을 어찌 헤아리지 못하겠는가. 흰 쌀밥에 국 한 그릇이면 세상 그 어느 것도 부럽지 않았는데 이제 아침밥에서도 밀려난 흰 쌀밥이고 보면 어찌 세월을 무상하다 하지 않을 것인가.

35

당 집

당집의 운명은 시간문제

순이는 성황님께 무슨 죄를 지었던가 스스로 생각해 보았다. 그리고 역시 성황님께 정성이 부족한 탓에 까마귀가 울고, 여우가 방정을 떠는 것이라고 믿었다. 순이는 다시 성황님으로 모신 느티나무 아래에 와서 무릎을 꿇고 앉아 손을 비볐다. 순이는 참된 마음으로 성황님께 사죄하였다.

정비석의 단편소설 〈성황당〉에 실린 글의 일부분이다. 이처럼 성황당은 '서낭당' 이라 부르는 민간신앙의 대상물이 있던 곳이다. 보통 커다란 나무와 당집이 한데 어우러져 마을의 입구나 근처에 있다.

통영에서 가장 이름 있는 당집은 무전동 굿당일 것이다. 지붕을 뚫고 올라

온 수백 년 된 소나무며 수십 갈래로 가지를 뻗쳐 온 당집을 어루만지고 있는 팽나무 숲이 보기에도 옛날 큰 굿을 했을 당집이다.

당집을 찾은 날 대문 앞 벽면에는 비뚤비뚤 당할매의 휴대폰 전화번호가 적혀 있었다. 전혀 한글 교육을 받지 못한 사람치고는 잘쓴 글이다. 그래도 아라비아 숫자만큼은 확실히 알 수 있는 것으로 보아 어지간히 한글 공부를 한 모양이다. 굳게 닫힌 양철 대문 안으로 슬레이트 지붕을 한 건물 두 채가 맞보고 있고 왼쪽 건물 지붕을 뚫고 자라고 있는 아름드리 소나무와 수백 년 이상 되어 보이는 팽나무 한 그루가 당집을 보호하고 있을 뿐이다.

당할머니는 굿을 하는 무당 할머니가 아니고 이 당집을 관리하면서 큰 굿이 있을 때는 이것저것 잔심부름을 하는 할머니이다. 몇 년 전 백형이 시름시름 몸이 아파 온갖 처방을 다해도 백약이 무효인지라 어디 가서 물으니 큰굿을 해야 한다기에 이름 있는 무당을 불러 이곳 당집에서 굿을 하는 바람에 내 기

억에 남아 있는 키 작은 할머니이다.

돌아간 남편이 이 당집을 수리해 준 인연으로 집을 관리하게 되었고 남편에 이어 40여 년간 당집을 관리해 온 사람은 김일연(82세) 할머니이다. 남편이 돌아가자 이 당집에 손을 떼려고 했는데 남편이 꿈에 나타나 당집을 지키라며 열쇠를 건네주는 바람에 지금까지 당집을 지키게 되었단다. 당집 방 안에는 가운데에 단군 할아버지 영정을 모시고 오른 쪽에는 이 씨 삼신인 제앙 할머니, 왼쪽으로는 부처님을 모셨다.

최근에는 전혀 굿당 손님이 없었는지 굿을 한 흔적을 찾을 수가 없다. 요즘 굿을 하는 사람도 별로 없거니와 언젠가는 이 당집도 없어질 것이라며 아쉬워한다. 아닌 게 아니라 이 할머니 수명과 당집의 운명이 같을지도 모른다는 생각이 든다.

굿당 할머니는 "옛날 이곳은 거제, 고성으로 넘어가는 유일한 통로로 처음

에는 오고 가는 사람들이 무사 통과를 빌며 돌탑을 쌓았다. 멋도 모르고 이 돌탑을 무너뜨린 사람은 다 죽었다. 당초에는 탑신령, 목신신령을 모신 해미당이었는데 후에 비를 피하기 위해 당집을 지었고 이곳에서 굿을 하기 시작했다. 통제사 길이라 하여 통제사들이 거제, 고성으로 나들이를 했다." 고 전한다.

이를 증명이라도 하듯 당집 밑으로 난 옛길 언저리에는 『가선대부 삼도통제사 이공응서 거사비嘉善大夫 三道統制使 李公膺緖 去思碑』를 비롯하여 마모가 심해 해독이 어려운 비석 2기가 나란히 서있다. 통제사 이응서李膺緖는 제179대 통제사로 1851. 8.부터 1853. 8.까지 만 2년간 만기 근무하였다.

사흘이 멀다 하고 울려대던 그 꽹과리 소리와 주술 소리는 이제 더 이상 들을 수 없다. 이 외에도 산양읍 신봉 중촌의 상당, 풍화리 모상마을의 위산제를 모시는 당집, 곤리 별신굿당집, 우륵개 마을의 당집을 비롯해 몇 군데는 당집이 그런대로 잘 보존되어 있다. 미신이라고 다 허물고 묻을 것이 아니라 후손들에게 물려줄 수 있도록 우리 모두 관심 가져야 할 때이다.

36

소달구지

느림과 여유의 미학

"나의 태현아. 건강하겠지. 아빠가 어제 엄마, 태성이, 태현이를 소달구지에 태우고… 아빠가 앞쪽에서 황소를 끌고 따뜻한 남쪽 나라로 함께 가는 그림을 그렸다. 황소 위에는 구름이다. 그럼 건강해야 한다." 1950년대 어느 날 가족과 떨어져 있던 이중섭이 아들에게 보낸 편지 내용이다. 이 편지에는 아버지가 가족을 태운 소달구지를 즐겁게 끌고 가는 풍경을 담은 삽화가 그려져 있다. 이 그림이 종이에 유화로 그린 〈길 떠나는 가족 2〉(10.5×25.7㎝)이다. 이 외도 거의 비슷한 유화 작품 〈길 떠나는 가족 1〉(29.5×64.5cm)과 수채화 한 점이 더 있다. 같은 소재를 세 번이나 그렸다는 것은 작가가 그만큼 애착을 지녔다는 뜻이다.

이 그림은 가족과의 행복한 재회를 열망한 작가의 자전적 기술이다. 소달구지엔 여인과 두 아이, 앞에서 소를 모는 남정네가 수평적인 구도로 묘사되어 있다. 여인과 두 아이는 꽃을 뿌리는가 하면 비둘기를 날려 보내고 있다. 소의 등에는 화사한 꽃다발이 얹혀 있다. 소를 모는 흰옷의 남정네는 작가 자신이고 소달구지의 여인과 두 아이는 부인과 두 아들임이 분명하다.

〈길 떠나는 가족〉은 당시의 상황으로 미뤄본다면 피난길이다. 그럼에도 불구하고 그림의 어디에서도 고된 모습은 찾을 수 없고 신나는 야외 나들이라도 가는 인상이다. 가족을 이끌고 따뜻한 남쪽 나라로 향해 가는 남정네의 하늘을 향해 한 손을 든 모습은 가장으로서 새로운 땅을 찾아가는 뿌듯한 기분을 여실히 반영하고 있다.

천재 화가 이중섭이 6·25동란 이후 1952년 가을부터 1954년까지 약 2년간 유강렬의 권유로 경치 좋고 따뜻하며 먹거리 풍부한 통영에 정착하여 수많은 풍경화를 남겼다는 것은 이미 나의 저서 《통영과 이중섭》을 통해 밝힌 바 있다. 통영 시절 당시 산양면 죽전 마을에 농가를 마련해 놓고 유유자적하던 통영 최초의 서양화가 김용주가 머슴을 시켜 쌀과 온갖 부식을 소달구지에 실어 시내 항남동에 거주하던 이중섭의 집으로 보냈다는 것도 흥미로운 일이다. 이

를 소재로 그림을 그렸더라도 참 재미있었을 것이라는 엉뚱한 생각을 해본다.

1950~1970년대 산업화가 채 이루어지기 전에는 소달구지가 서민의 삶과 떼놓을 수 없는 유일한 교통수단이자 부의 상징이기도 했다.

우리는 어린 시절 학교를 파하고 귀가하는 길 가뭄에 콩 나듯 황소가 끄는 소달구지를 얻어 탔다. 비록 울퉁불퉁한 비포장도로를 덜컥거리며 천천히 다녔지만 그렇게 신기할 수 없었다. 우리 마을은 그나마 학교와 가까운 거리에 있었으므로 걸어서도 충분히 통학이 가능했지만 저 당포나 중화동 친구들이 소달구지를 얻어 타는 날은 큰 횡재를 만난 날이다.

나락이 누렇게 익은 들판 사이로 환하게 핀 코스모스를 배경으로 볏단을 가득 싣고 느릿느릿 집으로 돌아가는 소달구지는 동화 속 한 장의 풍경이었다. 그 소달구지가 여러 대 있는 것도 아니었다. 법정 마을 전체를 통틀어 한 대 있을까 말까 할 정도로 귀했다. 수십 마지기의 농사를 짓거나 정미소를 주업으로 하는 부농이 아니면 소달구지를 소유하는 것은 꿈도 꿀 수 없는 일이었다. 그 시절 산양면 남평리 세포 마을에는 소달구지를 만들어 팔기도 하고 수리도 해주는 소달구지집이 있었다. 지금의 카센터 역할을 톡톡히 했으니 당시에는 그만큼 소달구지의 수요가 있었다는 것을 반증하는 것이다.

소달구지는 수확한 들판의 곡식을 실어 나르기도 했고 각 가정을 돌며 나락, 보리, 떡방아거리 등을 수송하는 당시의 유일한 운송 수단이었다. 지금이야 마을의 정미소도 없어졌거니와 농촌까지 들어온 경운기나 화물자동차로 인해 교통수단으로서의 기능을 잃고 민속촌이라도 가야 구경할 수 있는 옛 추억이 되고 말았다. 최근 우리 사회는 다시 복고풍을 찾고 있다. 수많은 사람들이 느림의 미학을 찾아 천천히 여유 있게 살고 싶어 한다. 이런 틈새를 노려 우리 주위에도 옛날의 그 여유롭고 넉넉한 모습을 재현해볼 방법은 없는 것일까?

37

키

키로 곡식 까부는 정겹던 어머니 모습

곡식 따위를 까불러 쭉정이나 티끌을 골라내는 도구가 키이다. 버들이나 대를 납작하게 쪼개어 앞은 넓고 평평하게 뒤는 좁고 우긋하게 엮어 만든 것으로 농가에서는 없어서는 안 될 중요한 생활 용기이다.

어머니들이 주로 키를 사용했다면 남정네들은 가래를 사용했다. 보리나 나락을 탈곡한 이후 알곡과 쭉정이가 뒤섞인 곡식을 떠서 공중으로 날려 알곡을 가려내는 연장이 가래이다. 투자한 시간과 노력에 비해 큰 효과가 없자 발명해 낸 것이 풍로이다. 풍로는 바람이 없는 날에도 바람개비를 돌려 알곡을 가려내는 당시로서는 획기적인 발명품이었다. 그러나 계속되는 기술의 발달로 경운기, 트랙터가 나오면서 가래도 풍로도 다 필요 없는 세상이 되고 말았다.

지금도 시골에 가면 가끔 키를 볼 수 있다. 시골의 구순 노모는 아직도 정정하시다. 땅을 놀리면 죄받는다며 지금도 참깨나 콩, 녹두, 조 등을 손수 심어 이를 수확하여 키로 곡식을 까분다. 언제 보아도 평화롭고 정겨운 풍경이다. 어머니 가시고 나면 저 숭고한 모습을 어디에서 다시 볼 수 있을지 가슴 먹먹하다.

가만히 키를 쳐다보고 있을라치면 우리 선조들의 손재간에 감탄하지 않을 수 없다. 그 억센 대나무를 손질하여 실이나 종이처럼 만든 후 씨줄과 날줄로 엮고 중간 중간 두꺼운 재료를 잇대어 한 치의 오차도 없이 짜 내려간 손재주는 가히 신의 경지에 이르렀다고 할 수밖에 없다.

저 멀리 죽세공이 발달한 함양 · 산청이나 담양 등지에서 한 짐 가득 죽세품을 이고 지고 팔러 다니는 경우도 있었지만 우리 인근 가는개 마을의 이상재 씨가 만든 챙이(키)는 물건 좋기로 이름나 있었다. 모두 이 키를 사고 싶어 안달이었다.

헛간에 걸린 키를 보다가 문득 오줌싸개와 소금 이야기가 생각나 웃음 짓는다. 어린 시절 깊은 잠에 빠졌다가 나도 몰래 이불에 실례한 날 아침 어머니는 어김없이 키를 머리에 둘러씌우고 이웃집에 가서 소금을 얻어 오도록 강요하였다. 멋도 모르고 이웃집으로 달려가 소금을 얻으러 왔다 하면 "다시는 오줌을 싸지 말라"며 소금 한 주먹을 키에 뿌려주고 됫박에도 소금을 담아 주던 이웃집 할머니의 모습이 아직도 눈에 선하다.

지금 가만 생각해 보면 우리 어머님들의 교육 철학이 얼마나 심오했는지 알 수 있는 대목이다. 돌이나 쭉정이를 골라내는 키를 오줌싸개에게 씌우고 소금을 얻어오게 한 것은 알곡을 골라내는 키처럼 좋은 곡식을 많이 먹고 무럭무럭 자라 다시는 오줌을 싸지 말라는 깊은 뜻이 있었을 것이다. 예부터 소금이 부패를 막아주고 나쁜 기운을 몰아낸다고 믿었기 때문에 아이가 소금 기운을

받아 잘 자라기를 바라는 마음도 있었을 것이다. 또한 자기 집에 소금이 있는데도 이웃집 소금을 얻어오게 한 것은 어릴 때부터 이웃집 어른의 얼굴을 익혀 인사 잘하고 어른 공경하라는 뜻도 내포되어 있었을 테니 이 얼마나 교육적이었던가.

어머니 돌아가시기 전에 키 하나라도 유품으로 잘 챙겨 두었다가 어머님 보고 싶을 때마다 보고 또 보아야겠다.

38

통영갓

표준국어대사전에 당당히 이름 올린 갓

대한민국 표준국어대사전에는 통영갓을 '경상남도 통영 지방에서 만든 갓. 또는 그런 양식으로 만든 갓. 품질이 좋고 테가 넓은 것이 특징이다.' 라고 풀이해 놓았다. 이처럼 통영갓은 통영이라는 지명이 붙은 고유명사로 당당히 표준국어대사전에 등재되어 있다. 놀랍고 자랑스러운 일이다.

예로부터 통영 사람들은 예술적 감각이 높고 손재주가 뛰어났다. 나전칠기, 소목장, 두석장 등 단단하면서도 정교한 물건을 잘도 만들어 예술성으로 널리 인정받았다. 이와 함께 갓도 유명했는데, 갓 중에서도 통영갓을 최상품으로 알아주었다. 이렇게 통영갓은 옛 선비들이 선망하던 최고급품으로 명성을 떨쳤던 명품 중의 명품이었다.

1604년(선조 37) 제6대 이경준 통제사에 의해 이곳 통영에 삼도수군통제영이 설치되고 그 아래 12공방을 두었는데, 그중에 입자방笠子房이 있어 기능공을 관급으로 양성하고 갓을 생산하여 군 · 관 · 민에게 보급함으로써 유명세를 타기 시작했다.

조선 시대 흥선대원군은 통영까지 친히 신하를 보내어 갓을 맞추어 쓴 것으로 전해진다. 특히 고종황제가 돌아갔을 때 모든 국민이 흰 갓을 통영에서 만들어 썼다. 이때 통영갓은 하루에 300개 이상 팔린 것으로 기록돼 통영이 갓의 본고장이라는 것을 입증하였다.

갓을 만드는 데는 가느다란 대나무로 갓의 테를 만드는 '양태일', 말총으로 총모자를 만드는 '총모자일', 양태와 총모자를 맞추어 갓을 완성시키는 '입자일' 등 크게 3가지 공정을 거친다. 양태일 24과정, 총모자일 17과정, 입자일 10과정 등 총 51개 과정을 거쳐야만 비로소 한 개의 갓이 완성된다. 그만큼 정성을 들여야 완성되는 노력의 산물인 것이다.

특히 갓의 양태를 만들 때는 단 하나의 칼로 나무를 머리카락보다 더 가늘게 쪼개어 설대와 살대, 옆대를 만들어 440개의 대들을 서로 엮어 완성해야 하는 어려움이 뒤따랐다. 때문에 옛날 우리 지방에서는 어려운 일을 당할 때 "양태는 엮어도 이것은 못할 노릇"이라는 속담이 나오기도 했다. 남을 속이는 데 놀랄 만큼 교묘한 사람을 비꼬는 말로 '쥐구멍으로 통영갓을 굴려 낼 놈'이라는 속담이 있는 것으로 보아도 통영갓의 섬세함을 짐작하고 남음이 있다.

갓일 공예 중 입자장은 모자와 형태를 모아 수백 번의 인두질과 어교칠, 먹칠, 옻칠을 반복하여 갓을 조립하여 완성시키는 장인이다. 화로 위의 버랑 앞에서 작업을 해야 하는 입자장은 대나무 테를 두르고 명주실이나 명주천을 입히고 인두로 지지고 어교를 칠하고 먹칠과 옻칠을 하는 작업을 하기 때문에 대나무를 다루거나 명주실을 고르는 눈썰미와 솜씨가 남달라야 한다.

18세기 말 통제영 12공방이 상호 분업과 협업 체제로 변화함에 따라 통제영 12공방이 아닌 산양면 가는개 마을 등에서도 양태장이들이 개인 공방에서 작업한 것으로 보아 양태를 만들어 통제영에 납품한 것으로 추정된다.

하나의 갓을 만드는 데는 고도의 기술이 요구됐다. 특히 변변한 장비조차 없던 시절, 갓을 만들던 손끝은 피의 대가를 요구받기도 했다. 때로는 밤잠을 설치는 등 수많은 노력과 인내가 요구되었다. 이 때문에 갓일을 하던 기능공들은 그들의 정신 집중과 함께 시간의 무료함을 달래기 위해 자신들이 직접 작사 작곡한 갓노래를 만들어 부르기도 했다.

> 한코 떠라/ 두코 떠라/ 세코 떠라/ 속히 떠라/ 통양 하나 돌아갈제/ 쌍금 쌍금 쌍가락지/ 호작신을 닦아내어/ 먼데보니 달이 뜨니/ 후에 보니 처자로다/ 처녀 애기 자는 방에/ 숨소리가 둘이로세/ 천도복숭 울오랍시/ 거짓 말씀 말아주소/ 꾀꼬리라 그림방에/ 참새같이 내 누었네/ 동남풍이 들이불어 풍지 떠는 소리로다/ 거짓 말씀 말아주소.
>
> — 정춘모 제공

이제 세월이 흐르면서 유행도 바뀌었다. 그 옛날 아름다운 통영갓을 쓰고 선비로서의 자긍심을 가졌던 진정한 통영의 어른들은 모두 다 떠났다. 세월의 무게를 이기지 못하고 갓도 사람도 다 가고 없다.

다행히 통영 출신도 아니면서 통영갓의 명맥을 이어 나가는 이가 바로 중요

무형문화재 제4호 갓일장 정춘모(73) 선생이다. 그는 약 30~40여 년 전 입자장 전덕기 · 김봉주, 양태장 고정생 · 모일환, 총모자장 오송죽 · 고재구 등의 장인들로부터 갓일 전 과정을 배웠다.

더 이상 갓을 쓸 사람도 없거니와 갓일을 배울 사람도 없다 하니 또 하나의 전통이 사라지는 것 같아 안타까울 따름이다. 와중에 노후를 통영에서 보내겠다며 갓의 본고장으로 돌아오겠다고 어려운 결정을 내린 정선생을 우리 모두 따뜻하게 맞을 일이다. 통제영 12공방에 다시 입자방을 만들어 400여 년 전 그 영화를 재현할 수 있도록 자리를 펴주는 것도 예향 통영시가 할 일이다.

39

성림다방

통영의 르네상스 시절 특별한 전시공간

'since 1953 흑백다방' 은 진해에 있는 아주 오래된 다방이다. 1953년부터 서양화가 유택렬이 기거하며 그림을 그리기도 하고 손님을 맞던 문화 공간이다. 유택렬은 경상남도나전칠기 기술원양성소를 이곳 통영으로 유치하고 천재 화가 이중섭을 통영으로 이끈 염색공예가 유강렬의 사촌 동생이다.

한국전쟁이 발발하자 그의 사촌 형과 월남하여 거제를 거쳐 처음 안식처를 찾아 기거한 곳이 이곳 진해의 흑백다방이다. 청마 유치환, 윤이상 등이 드나들며 장르에 관계없이 의기투합 예술의 꿈을 키우던 곳이다. 지금은 큰딸 유경아가 전시회나 음악회를 개최하며 나름대로의 문화 공간으로 활용하고 있는 곳이다. 예술에 조금이라도 관심 있는 사람치고 흑백다방을 모르는 사람은

〈사진 제공 : 유태수〉

없을 것이다. 최근 〈서양화가 유택렬과 흑백다방〉이라는 책이 발간되어 더욱 세인의 관심을 불러일으켰다.

흑백다방 못지않은 다방이 우리 통영에도 여러 곳에 있었다. 우리 또한 젊은 시절 뜻이 맞는 몇몇 친구들과 의기투합하여 시내 다방에서 불우 이웃을

돕겠다며 일일 찻집을 연 적도 있다. DJ가 있는 다방을 찾아가 구석진 곳에 앉아 좋아하는 노래를 신청해 듣기도 했다. 내가 단 한 번 첫 선을 보아 결혼에 골인한 곳도 시내 항남동의 성광다방이었다.

물론 다방이라는 곳은 별 문화 공간이 없던 시절 손님을 만나기도 하고 시간을 보내며 차를 마시는 공간이었다. 시골에 있는 다방은 그 동네의 사랑방 역할을 하는 등 그 순기능 또한 많았다. 1950~60년대 그 어느 곳보다 예술의 열기가 뜨거웠던 통영에서의 다방은 자연스럽게 그림이나 사진, 시화 등의 전시장으로 활용되기 시작했다. 개인전이나 단체전이 열리면 통영에 기거했던 내로라하는 예술인들이 다 모여 축하해 주기도 하고 또 자신의 작품 활동을 되돌아보며 심기일전할 수 있는 계기도 되었으리라.

지금이야 통영시에서 운영하는 몇몇 전시실을 비롯하여 개인이 운영하는 갤러리 등 풍족하지는 않지만 이런저런 곳에 전시 공간이 마련되어 있지만 당시만 해도 그림이나 시화를 전시할 곳이라고 해 보아야 시내의 조그마한 다방 외는 별다른 곳이 없었다.

1952년 그 전쟁의 난리 통에 통영으로 피난 와 그림에 몰두하던 천재 화가 이중섭을 비롯한 전혁림, 유강렬, 장윤성 등이 4인회를 조직하고 4인 전을 개최한 곳이 항남동의 녹음다방(훗날 호심다방으로 바뀌었다. 현재 동방한의원 자리)이었다. 그때 나온 이중섭의 작품이 〈분노한 소〉와 〈통영 풍경〉이라는 것은 전혁림 화백이 살았을 때 증언한 내용이다.

곧이어 1953년 가을 이중섭이 통영에서 그렸던 약 40여 점의 그림으로 성림다방(현 우리은행 앞 사거리)에서 개인전을 열었다는 것은 널리 알려진 사실

이다. 당시 김용주, 석수정, 전혁림, 유강렬, 김용제, 김기섭 등의 절대적인 후원이 있었다.

통영에서 생활하던 청마가 이 전시회에 참여했다가 〈달과 까마귀〉라는 이색적인 그림을 보고 훗날 〈괴변-이중섭 화 달과 까마귀에〉라는 시를 《현대문학》 1967년 2월호에 게재하였다. 공교롭게도 청마가 1967. 2. 13. 교통사고로 사망했으니 묘한 인연이 아닐 수 없다.

1953. 2. 20. 현대사에서 발간한 초정 김상옥의 시집 《의상》 출판기념회가 모 다방에서 열렸다. 이중섭이 초청되어 시집 한 권을 받아들고 술잔을 비우다가 소리 없이 사라졌다. 다음 날 이중섭은 "나는 돈이 없어 축의금을 낼 수

없어 그림으로 가져왔다."며 그림 한 점을 내놓았다. 닭 한 마리가 꽃 한 송이를 물고 있고 오른편에는 게와 꽃잎이 그려져 있었다. 훗날 초정은 이 그림을 소재로 〈꽃으로 그린 악보〉라는 시를 썼다. 그 시인에 그 화가였다. 이 얼마나 풍류가 넘치는 일인가.

이 외도 크고 작은 다방들에서 그림, 사진, 시화 등이 전시되었다는 이야기는 많지만 거의 다 업종을 변경하였고 또 건물이 헐리어 그 흔적조차 찾을 수 없다니 안타까운 일이다. 최근 우리 시에서는 항남동 골목길 활성화사업을 비롯해서 강구안 푸른골목 만들기 사업 등 도시 재생 작업이 한창 진행 중이다. 세월을 거슬러 다시 다방을 만들어 운영할 수야 없는 일이지만 1950~60년대 통영의 르네상스라고 일컬었던 당시 그들이 수없이 드나들며 작품 구상에 몰두했을 흔적들을 잘 찾아내어 팻말 하나라도 세운다면 도시의 품격이 더한층 높아질 것이라 혼자 생각해 본다.

40

야 마 골

99계단
통영의 민초들과 함께한 곳

명정골 돌계단을 따라 뚝사로 올라가던 길목에는 립스틱 짙게 바르고 '하룻밤 쉬어가라' 며 교태를 부리던 등 붉은 집 창녀의 목소리가 아직도 환청으로 들린다. 이제는 말할 수 있다. 젊은 시절 술 좋아하던 친구들이랑 멋모르고 찾았던 99계단 야마골 그 처녀들은 다 어디로 갔을까?

우리보다 훨씬 나이가 많은 어르신들이 오며 가며 들려주던 그 쭉지먼당이 그렇고 그런 곳이라는 것은 우리가 청년이 되었을 무렵에야 알았다. 또 쭉지먼당이라는 지명 유래를 안 것은 공무원이 되고 난 한참 후였다. 지금의 배수지 주변에 독기(뚝기)를 모셨던 사당, 즉 독사(뚝사)가 있었던 고개를 일컫는 통영 토박이말로 쭉지먼당이라 불리었던 곳이다. 홍등가가 그 고개 중간에 있

었으므로 직역을 피해 쭉지먼당에 갔다 왔다는 표현을 썼을 것이다. 또 다른 이름 야마호텔(골)은 산중에 있는 호텔 즉 사창가를 우회로 표현한 것이었다.

지금도 사창의 순기능과 역기능에 대해 공방이 계속되고 있지만 당시 통영의 주변 환경으로 보아 분명 이런 분출구가 꼭 필요했을 것이다. 잘 알다시피 삼도수군통제영에는 수많은 군사들이 근무했을 것이고 말하지 않아도 이들의 성범죄는 골칫거리였을 것이다. 또한 온갖 물산과 돈이 모여드는 항구이자 뱃일과 수산업으로 많은 돈을 거머쥔 사나이들에게 여자가 필요했다는 것은 당연한 일이었는지도 모른다.

이쯤 되면 통제영 즉 군영에서 공창을 만들어 운영할 수밖에 없었을 것이라

는 추측이 가능해진다. 확실한 기록을 찾을 수는 없지만 통제영 당시 공창으로 운영되다가 1895년경 통제영이 폐영되면서 사창으로 바뀌었다는 이야기는 상당히 설득력 있어 보인다. 오히려 사창으로 변질되면서 많은 문제점이 도출되었을 것이라는 것을 쉽게 짐작할 수 있다.

1980년대까지는 몇몇 집에서 그런대로 영업을 해 나갔지만 결국 세월의 무게를 이기지 못하고 십수 년 전부터 완전히 역사의 뒤안길로 사라지고 말았다. 시에서 최근 고지대 일부를 매입하여 철거 후 서포루를 복원한데 이어 북포루, 서문고개, 서포루를 잇는 성곽 복원과 함께 도시계획도로를 내면서 거의 대부분의 홍등가는 이미 철거되었다.

아흔아홉 계단 켜켜이 묻어 있던 서민들의 애환과 짝을 찾지 못했던 뭇 뱃사람들의 취기가 묻어 있던 또 하나 통영의 명물이 그렇게 사라져 가고 있는 것이다. 물론 세월을 거꾸로 돌릴 수는 없는 일이다. 그러나 좋든 싫든 역사는 역사일 따름이다. 때마침 행정과 시민단체가 합심하여 옛 흔적을 보존하고 이야기를 만드는 작업을 시도하고 있다니 다행스러운 일이다. 지금 와서 그 야마골을 복원할 수 없더라도 옛이야기 적은 조그마한 현판 하나라도 만들어 둔다면 더 이상 우리의 역사가 매장되는 일은 없을 것이다.

"이곳은 일명 쭉지먼당이라 불리었던 곳이다. 99개의 돌계단을 따라 올라가면 미로 같은 골목길 언저리에 홍등가가 있었다. 지금처럼 모텔, 호텔 같은 숙박 시설이 없던 시절 삶에 찌든 통영 사나이들이 하룻밤 풋사랑을 즐기며 시름을 달래던 곳이다. 좀 더 위로 올라가면 독纛(대장 앞에 세우는 삼지창에 붉은 깃털이 많이 달린 기)을 모시고 춘추로 통제사가 직접 독제를 지냈던 독사纛祠가 있었던 곳이다. 오른쪽으로는 최근 서피랑 꼭대기에 복원된 서포루가 있고 그 아래는 벼락당이다. 왼쪽으로 명정골에는 통영충렬사, 정담샘, 정문집, 하동집, 박경리 생가, 서문고개 등 소설 《김약국의 딸들》의 무대가 되었던 곳으로 통영의 역사를 고스란히 말해 주고 있다."

야마골이 완전히 없어지기 전에 미리 적어 본 현판 문안이다.

추억 속의 풍경

사라져가는 것은
다 아름답다

펴낸날 | 2013년 8월 1일

지은이 | 김순철
펴낸곳 | 도서출판 경남
펴낸이 | 오하룡
주 소 | 창원시 마산합포구 몽고정길 2-1
연락처 | (055)245-8818~9 / 223-4343(f)
홈페이지 | www.gnbook.com
전자메일 | gnbook@empas.com
출판등록 | 제567-1호(1985. 5. 6.)
편집팀 | 오태민 | 심경애 | 구도희

*잘못된 책은 바꿔 드립니다.
*저자와 협의 인지 생략합니다.

ISBN 978-89-7675-849-1-03810
〔값 15,000원〕